本书系河南省高等学校哲学社会科学基础研究重大项目"能源安全与转型的机制与路径研究"(NO.2023-JCZD-15)的核心成果之一。

"双碳"目标下 河南煤炭行业转型的 机制与路径研究

吴玉萍　郑广华　黄二帅　著

郑州大学出版社

图书在版编目(CIP)数据

"双碳"目标下河南煤炭行业转型的机制与路径研究／
吴玉萍，郑广华，黄二帅著. -- 郑州：郑州大学出版社，
2025. 6. -- ISBN 978-7-5773-1213-2

Ⅰ. F426.21

中国国家版本馆 CIP 数据核字第 20253E690N 号

"双碳"目标下河南煤炭行业转型的机制与路径研究

"SHUANGTAN" MUBIAO XIA HENAN MEITAN HANGYE ZHUANXING DE JIZHI YU
LUJING YANJIU

策划编辑	胥丽光		封面设计	王　微
责任编辑	胥丽光　乔海萍		版式设计	王　微
责任校对	张若冰		责任监制	朱亚君

出版发行	郑州大学出版社		地　址	河南省郑州市高新技术开发区
经　销	全国新华书店			长椿路 11 号(450001)
发行电话	0371-66966070		网　址	http://www.zzup.cn
印　刷	河北虎彩印刷有限公司			
开　本	787 mm×1 092 mm　1/16			
印　张	8.75		字　数	178 千字
版　次	2025 年 6 月第 1 版		印　次	2025 年 6 月第 1 次印刷

书　号	ISBN 978-7-5773-1213-2		定　价	58.00 元

前　言

　　"十四五"时期,中国为实现"双碳"目标需要加快推进能源系统转型进而带动煤炭行业转型升级。作为中国重要的能源消费大省,河南省具有以煤炭为主的能源结构,导致温室气体排放总量大,"双碳"目标的实现任重道远。河南省需要加快推进能源生产、消费向清洁低碳方向转变,进而带动煤炭行业高质量转型升级。因此,本书基于2011—2021年中国及河南省煤炭行业数据,对河南省煤炭行业的发展现状、转型机制、转型测度及驱动因素进行研究,并提出合适的转型路径。

　　相较于现有研究,本书在理论创新与实证支撑两个维度均实现了显著突破。本书基于 DPSIR 模型(Driving Forces–Pressure–State–Impact–Response Model,驱动力–压力–状态–影响–响应模型)构建煤炭行业转型机制的系统演化框架,揭示各要素间的动态关系,并建立转型发展评价指标体系,为定量评估提供科学依据。本书以"动因—机制—实证—路径"为主线,融合系统分析、计量经济学等方法,深入探讨"双碳"目标下河南煤炭行业转型机制与路径,并结合理论分析与实证研究,通过转型指数的空间自相关检验及驱动因素分析,揭示区域差异与转型路径的关联性,验证模型适用性并提供政策依据。此外,本书的政策指导性强,从"地区—行业"视角出发,结合河南省资源禀赋与国家"双碳"目标,提出多层次转型路径,兼顾行业发展、区域差异与外部环境,具有较强可操作性。

　　本书从多个维度出发,为探索更加科学合理的煤炭行业转型机制与路径提供了坚实的理论基础,不仅在当前具有重要意义,更对未来产生深远的影响,本书的出版价值主要体现在:

　　其一,本书丰富了能源经济与区域可持续发展的理论研究,为煤炭行业转型提供了新的分析框架和方法论,有助于推动能源转型与低碳发展的跨学科研究。

其二,本书的实证分析和政策建议可为河南省及类似资源型地区的政府部门制定煤炭行业转型政策提供科学依据。例如,书中提出的差异化转型路径有助于地方政府精准施策,平衡经济发展与环境保护的关系。

其三,煤炭行业转型不仅关乎能源安全,还涉及就业、民生和社会稳定。本书通过系统研究,为煤炭企业提供了转型思路,有助于公众理解煤炭行业转型的必要性与可行性,增强社会共识,从而推动行业平稳过渡和社会可持续发展。

本书由河南理工大学的吴玉萍、郑广华、黄二帅合作完成。全书由吴玉萍总体设计并最终审定,具体章节撰写工作分工如下:第一章由吴玉萍负责撰写,第二章、第三章由黄二帅负责撰写,第四章由郑广华负责撰写,第五章、第六章由吴玉萍和黄二帅共同负责撰写,第七章由吴玉萍和郑广华共同负责撰写。

本书的完成得益于多方支持与帮助。首先感谢国家能源局、河南省能源局、统计局提供的行业数据支持,使本研究得以建立在扎实的实证基础之上。感谢平煤股份一矿等单位提供调研的机会和场地,使得本书能够尽可能指导于实践。最后,限于作者水平,书中难免存在不足之处,恳请读者批评指正。希望本书能为我国煤炭行业的绿色转型和高质量发展贡献绵薄之力。

目 录

第一章 引言

在我国"双碳"战略目标的引领下,各级政府积极推动能源结构调整与高碳行业转型,构建绿色低碳循环发展的经济体系成为当务之急。作为传统能源的重要支柱,煤炭行业正处于转型升级的关键节点。河南省作为全国煤炭产能大省,其煤炭行业的低碳转型进程,不仅关系到本地区的能源安全与经济发展质量,也在全国"双碳"目标的实现中具有典型意义和示范价值。

第一节　研究背景及意义

一、研究背景

2023 年 3 月,联合国政府间气候变化专门委员会(IPCC)发布的第六次评估报告综合报告《气候变化 2023》指出,2011—2020 年全球地表温度比工业化前高出了 1.1 ℃,2019 年全球温室气体净排放量较 1990 年增长 54%。自工业革命以来,不可持续的能源使用、土地利用以及化石燃料的燃烧导致全球平均气温逐年上升,极端天气也越来越频繁。全球正面临着由温室气体排放所引发的严峻气候变化挑战,为将此问题的影响降到最低,我们急需将全球平均气温升幅控制在工业化前水平的 1.5 ℃ 或 2 ℃ 之内,推动一场系统性的变革迫在眉睫,同时这场变革必须兼顾包容性和公正性,确保所有群体都能从中受益,共同迈向一个更加可持续的未来。《气候变化 2022》要求能源系统先进行转型,能源产业的重大转型是减少全球温室气体排放的重要途径。

为解决资源环境约束的突出问题,中国作为世界上最大的发展中国家和温室气体排放国,在第 75 届联合国大会上提出力争在 2030 年前实现碳达峰、在 2060 年前实现碳中和的"双碳"目标。碳排放主要源自能源使用,因此,推动能源转型对于达成"双碳"目标具有至关重要的作用。BP(英国石油公司)发布的

2022 年版《世界能源统计年鉴》数据显示,2021 年中国在全球煤炭生产中占据了 50.8% 的份额,而在煤炭消费方面更是达到了世界总量的 54.9%,这一数据无疑证实了中国已成为全球范围内煤炭生产与消费的首要国家。煤炭一直是我国经济社会发展的重要支柱,其消费所产生的碳排放量占据了全国总碳排放量约 70% 的份额,尽管近年来中国煤炭的消费比例持续下降,但在 2022 年,其占比仍然超过了一半,达到 56.2%。因此,煤炭行业在能源领域减少碳排放、推动低碳转型以及确保能源安全方面扮演着至关重要的角色。

达成碳达峰碳中和,意味着我们要经历一场广泛且深远的经济社会全面转型,这是一个关乎国家长远发展的重大战略议题,必须得到妥善应对和解决。煤炭行业作为我国的传统能源支柱,对于达成"双碳"目标起着举足轻重的作用。习近平总书记在国家能源集团榆林化工有限公司调研时[①]重要讲话,深刻揭示了我国以煤炭为核心的能源构成现状,并为其指明了向绿色低碳转型的前进方向,同时也为煤炭行业规划了一条低碳化、多元化及高端化的未来发展道路。我国能源结构中以煤炭为主的现状,在近期内难以有根本性的转变,因此煤炭将在未来很长一段时间内持续扮演着基础保障的重要角色。在此背景下,煤炭行业必须积极响应国家的发展战略,坚定不移地走向安全稳固、智能化、绿色环保及高效利用的发展新路径。然而,当前煤炭行业低碳转型正进入爬坡过坎的攻坚期,发展受到自然资源禀赋、经济发展基础、技术水平等因素的制约。因此,基于我国煤炭资源丰富的国情特点,如何做到煤炭清洁的高效利用,并加速推进煤炭行业的转型升级,对于实现我国碳达峰碳中和的重大战略目标具有极其关键的作用。

在这一背景下,河南省作为中国的能源大省,尤其是煤炭资源丰富的地区,肩负着重要的责任。河南省不仅是全国重要的煤炭生产基地,也是能源消费大省,其能源结构的调整和低碳转型对全国"双碳"目标的实现具有重要影响。近年来,河南省积极推进能源结构优化,大力发展清洁能源,如风能、太阳能等,减少对煤炭的依赖。同时,河南省也在加快煤炭行业的绿色转型,推动煤炭清洁高效利用,减少碳排放。通过一系列政策措施和技术创新,河南省努力在能源转型和低碳发展中走在全国前列,为实现国家的"双碳"目标贡献力量。

---

① 学习进行时."习近平的 2021":推动高质量发展,迈好开局"第一步"[EB/OL].新华网,2021-12-24. http://www.qstheory.cn/qshyjx/2021-12-24/c_1128198102.htm.

二、研究意义

1. 理论意义

在"双碳"目标的大背景下,能源安全不仅构成了国家安全的核心组成部分,还是确保国家未来和平与可持续发展的重要基石。河南省作为我国重要的能源基地,煤炭资源在其能源结构中占据主导地位。鉴于煤炭资源成熟可靠的供应体系和相对较低的成本优势,在较长一段时间内其仍将作为能源结构中的主导和基础能源,对于保障该省乃至全国的能源稳定供应具有至关重要的战略价值。然而,当前学术界在构建煤炭行业评价指标体系时,主要聚焦于经济、环境、技术和产业等方面,对能源安全这一关键因素的分析相对不足。

为了更全面、深入地评估煤炭行业的转型进程,本文尝试从经济、安全、环境、技术、产业和资源这六大方面出发,构建一个综合性的煤炭行业转型指数。这一指数旨在全面测度煤炭行业的转型发展能力,揭示其在时间和空间上的差异性特征。通过这一指数,我们能够更加清晰地看到煤炭行业在不同地区、不同时间段内的转型动态,从而为其未来的发展方向提供更为精准的指引。

本文还引入了空间计量模型,对煤炭行业转型发展的驱动因素进行深入剖析。这一模型不仅能够揭示各种因素在转型过程中的相互作用关系,还能够帮助我们理解煤炭行业转型的内在逻辑。通过这一分析,我们可以从多个维度出发,探索煤炭行业的转型路径,为制定更加科学合理的碳减排政策和煤炭行业转型策略提供坚实的理论基础。

综上所述,本文的研究不仅填补了当前学术界在煤炭行业转型评价指标体系中对能源安全分析的空白,还为煤炭行业向绿色低碳方向发展、达成"双碳"目标提供了坚实的理论基础和切实的行动指南。

2. 现实意义

自"双碳"目标明确提出以来,河南省作为能源消费大省和煤炭资源富集地区,步入了能源结构转型的关键阶段。这一阶段要求河南省在控制碳排放、降低碳排放与保障能源安全、维持生产经营活动之间找平衡点。绿色低碳已成为引领河南省能源行业发展的核心理念,推动传统煤炭企业向新型能源企业转型,以实现更高质量、更具创新活力和更可持续的发展。

然而,河南省煤炭消费量在能源消费结构中的占比仍然较高,尤其是煤电发电量作为拉动煤炭消费增长的主要驱动力,使得河南省在能源转型过程中面临能源安全供应、产业结构转型升级难度大等多重压力。这些压力对河南省煤炭行业提出了严峻挑战,同时也赋予其新的历史使命和责任。

在此背景下,河南省煤炭行业不仅需要继续承担保障国家能源安全及稳定供应的重要职责,还需积极探索适合本省实际情况的煤炭行业转型机制与路径。这包括通过技术创新、产业升级、政策调控等多种方式,加速煤炭行业向绿色低碳模式转型,减少环境污染和碳排放,提高资源利用效率,为实现碳达峰、碳中和目标提供有力支撑。河南省煤炭行业的转型不仅关乎其自身生存与发展,更对河南省乃至全国能否在全球气候治理中展现负责任形象具有重要意义。因此,推动河南省煤炭行业快速转型,迈向绿色低碳发展道路,不仅对当前能源结构调整至关重要,还会对未来河南省经济社会的可持续发展产生深远影响。

第二节 国内外研究现状

我国的煤炭资源型城市众多,长期单一的经济模式和对不断变化的发展需求适应不足导致其高质量发展转型的紧迫性,同时也面临着多重挑战。正因如此,煤炭行业在国家和地区的发展战略中显得尤为突出,在全面高质量发展的进程中需要被重点关注。因此,回顾煤炭行业转型研究现状,促进其可持续发展,是一个亟待深入分析和探讨的课题。

1. 国外研究现状

资源型城市是指自18世纪工业革命以来发展起来的,其主要功能和经济活动集中在资源开采和加工的城市形态。从现有文献看,根据各自国家和城市具体情况,主动实施逐步转型策略的城市更有可能取得成功。相比之下,那些在转型过程中采取被动且急剧的"休克式"方法的城市往往遭遇失败。这项研究侧重于从产业发展的角度进行探讨。此外,国外学者普遍建议通过科技创新、发展新能源和产业升级等手段来推动城市低碳经济的发展。有学者从发展低碳技术角度提出了具体路径,Liu 和 Kelly sims Gallagher(2010)认为中国当前高碳排放经济的发展状况,采用碳捕获与封存技术(CCS)被视为推动经济向低碳模式战略转变的一种有效策略。还有一些学者认为,通过发展新能源或调整能源战略可以有效促进经济转型。OECD(2009)报告指出,欧洲在迈向低碳经济的转型之路上遭遇的挑战,需凭借能源政策的调整与战略革新来加速这一转型进程。Winkle(2007)建议应推动低碳技术和新能源的发展,并强调平板太阳能收集器是一项技术成熟、适宜、经济上可行的技术,适合在发展中国家进行大规模部署。Parrish(2009)强调企业家在制定经营策略时应以可持续发展为指引,此举对加速低碳经济转型起到了至关重要的支撑作用。Morrison 和 Shida(2009)经由中国、美国及韩国的研究分析,建议设立合理的公共财政机制,旨在促进清洁能源的进步并降低碳排放水平。Yu 和 Cheng(2016)、Binu Parthan(2010)等通过对可再生能源与能源效率伙伴关系计划(REEEP)的实施经验、运作机制、执行流程及投资组合管理的深入探讨,建议应强化 REEEP 的相关行动举措。

2. 国内研究现状

相较国外,国内资源型城市的发展历程较为短暂。伴随市场经济体制改革持续深化,那些以煤炭为主导的城镇,因其经济结构单一性及对资源的高度依赖性,所存在的弊端愈发凸显。因此,推动产业结构优化与煤炭型城市转型,迈向可持续发展的路径,已成为国内学术界广泛认同的普遍观点。焦华富(2001)指出体制性障碍与非体制性障碍是煤炭城市在产业结构调整过程中面临的主要难题。为了有效推进产业结构调整,建议煤炭城市加速统筹规划的制定,着重培育主导产业,打破当前的条块分割现状,并在增量调整与存量优化上采取并行策略,同时推进国有企业产权制度改革等一系列措施。周民良(2002)在深入分析我国煤炭城市产业结构调整所呈现的多样模式时,阐述了当前我国煤炭城市转型的四种具有代表性的模式:阳泉模式、平顶山模式、铜川模式和兖州模式。郑国志(2002)基于国外单一煤炭城市产业转型经验的剖析,提出了针对我国单一煤炭城市产业转型的三种策略模式:新兴产业植入模式、产业链延伸模式以及主导产业培育模式。李连济(2004)基于山西省煤炭城市的深入分析,提出了产业转型的两大模式:其一为纵向拓展产业链条模式;其二为横向选择替代产业模式。赵静和焦华富等(2006)探讨了煤炭城市在产业转型过程中集群效应的作用,并指出,依托传统产业优势来培育煤炭产业集群,是煤炭城市实现支撑性产业转型的一种有效策略。张凤武(2003)探究了煤炭城市推进非煤产业发展的路径,并提出在发展非煤产业时,煤炭城市应重点聚焦于煤炭的深度加工与转化,同时辅以节能产业和资源的综合利用产业,并确保相关产业协同发展,非相关产业也需得到适度拓展。高源(2006)运用层次分析法对抚顺市的后续产业进行了综合评估,通过对各资源要素进行层次总排序后所得出的权重值揭示,抚顺市在未来的重工业发展中,应将石油与冶金工业置于优先地位,其次是机械工业与电力工业,而煤炭工业则位于序列的末端。与此同时,国内多位学者,如冯红喜、沙景华及刘宁宁等人,就我国煤炭产业的优化升级与重构议题展开了富有成效的探讨。

一、转型机制的相关研究

在"双碳"目标驱动下,煤炭行业急需转型,不仅是行业内部革新,也是国家能源优化、环保强化和全球气候治理的战略部署。尽管煤炭仍是中国能源的主体,但过度开采已损害生态。因此,系统研究转型机制至关重要,旨在推动煤炭行业向安全、高效、绿色、智能化发展,涵盖技术创新、产业升级、资源节约、环保、智能化改造等,实现可持续发展与生态和谐共生。

宋万鹏(2012)等人结合采空区的基本定义,以济宁煤炭资源城市转型发展为研究切入点,就煤炭资源型城市转型条件下采空区利用问题进行探究,旨在推动煤炭资源型城市的转型发展,使其在过程中能够发挥更为积极的作用。王林秀(2017)等人发现煤炭企业的转型升级,是达成煤炭行业"削减过剩产能"目标的关键路径,同时也是推动煤炭企业由低附加值产业链的中段向高附加值产业链的两端迁移的有效策略。崔兴文(2024)等人发现数字化转型的关键驱动力在煤炭资源型城市中主要包括大数据的发展层次、数据的开放共享程度以及对煤炭资源的依赖。这些要素在不同的转型路径中扮演着各自的角色,因此,煤炭资源型城市需依据自身的特色与优势,合理调配资源投入,减轻对煤炭资源的依赖,并选定适宜的路径以促进其数字化转型的顺利进行。亓晶晶(2010)研究指出,我国煤炭资源型城市若要摆脱产业发展的路径依赖并实现经济的顺利转型,就必须打破由规模效应、学习效应、协作效应及适应性预期所构成的自我强化机制。

二、转型测度的相关研究

在"双碳"目标的引领下,煤炭行业正面临着巨大的转型压力。这一转型不仅是对行业自身的革新要求,也是对国家能源结构优化、生态环境保护及全球气候治理的贡献的重要一环。尽管煤炭资源在中国能源结构中仍占据主体地位,但快速发展时期的长期过度开采,导致生态环境遭到了严重破坏。面对这一现状,煤炭行业必须加快转型步伐,向安全、高效、绿色、智能化的方向迈进。这不仅是为了修复受损的生态环境,更是为了推动煤炭行业的可持续发展。

在煤炭行业转型的研究领域内,目前最为普遍的研究方法是构建一套评价指标体系,并据此进行综合性评价。建立煤炭行业转型发展评价指标体系的四个基本维度是环境、资源、经济和社会。Zhao 等(2021)建立了煤炭行业发展指数体系,包括资源保障、创新驱动发展、智能高效、安全健康、清洁绿色生产和市场运行 6 个维度的 28 个二级指标。Ren 等(2021)选取了资本、资源、劳动力、技术和能源系统作为煤炭行业发展的要素驱动指标。康红普等(2021)从创新驱动、安全健康、智能高效、多元经济、绿色低碳五个维度构建了包含 23 个指标的评价指标体系。程健(2015)以产业经济学为理论基础,并紧密结合安徽省煤炭产业转型的实际情况,构建了一套涵盖经济、生态和社会指标的煤炭产业转型效果评价指标体系。郝晓燕依据可持续发展和循环经济等理论基础,将煤炭产业转型绩效评价指标体系从经济和非经济两大类细分为经济、产业、资源和生态四个维度,并采用了熵值法和正态云模型这两种科学方法进行量化分析。王媛媛(2017)针对陕西省煤炭产业转型的现状及其所面临的挑战,构建了一套煤炭产业转型绩效评价指标体系,涵盖了社会、经济、资源和环境四个维度。曾贤刚等(2018)结合可持续发展理论和绿色转型理论,将绿色转型分为经济转型、社会转型和环境转型三个方面,建立绿色转型绩效评价指标体系,提出绿色转型的针对性建议。李芊霖等(2018)基于 DPSIR 模型构建煤炭企业绿色转型评价指标体系,认为目前仍然需要进一步研究的是对评价指标运用合适的赋权方法。

在评价方法上,一般分为标准化、权重确定和评价三个步骤。不同方案的排名会受到所选择指数权重的影响,因此,选择恰当的权重确定方法至关重要。目前,存在多种应用广泛的指标权重确定方法,主要分为三大类:主观赋权法、客观赋权法和组合赋权法。主观赋权法包括层次分析法、德尔菲法等,这些方法需要专家参与来确定权重,但其中存在许多不确定性因素,如专家数量、认知能力和可信度。层次分析法(AHP)是一种广泛使用的主观赋权方法。尽管应用广泛,但专家很难对指标的相对重要性做出准确的判断,特别是从 1 到 9 的标度,使得结果往往带有较大主观性和随意性。相对于主观赋权法,客观赋权法则更多依赖于指标的统计数据来确定权重,从而能够有效规避由人为因素导致的随意性和不确定性。常见的客观赋权法包括熵权法、理想解法和主成分分析法等。熵权法(EW)是通过分析指标数据的信息熵来计算指标的权重,具有较强的客观性和数据驱动性。而理想解法和主成分分析法则通过构建理想解或降维方法来对指标权重进行确定,各有其优势和适用场景。

客观权重仅取决于数据的特征,有时与实际不符,而主观权重中的人为因素也会影响结果。因此,组合赋权法应运而生。它是一种综合考虑主客观因素的方法,提供了更合理的权重确定,弥补了主客观方法的缺陷。李莹(2019)基于最小距离-最大熵原理,结合 AHP 法、离差最大化法与 CRITIC 法,实现了对各评价指标的主客观组合赋权,进而建立了黑龙江省国有煤炭企业转型能力的评价模型,并对此进行了实证分析。孙雨等(2017)以中国神华为研究对象,精心挑选了 16 项指标用以构建煤炭企业低碳绩效评价体系,并运用熵权 TOPSIS 模型进行实证分析,研究结果显示,煤炭企业的管理者应当进一步加大技术创新的力度,而政府方面则需要持续推动宏观制度的改革与完善。王广成等(2019)基于 DPSIR 模型,构建煤炭矿区绿色转型评价指标体系,采用熵权法和 TOPSIS 法对其进行综合评价,并以龙口矿区为例进行实证分析,提出相应的发展建议。Spanidis Philip-Mark 等(2023)基于循环经济实践和方法,运用 SWOT-AHP 组合方法对露天煤矿的可持续转型战略进行评估。Zhao 等(2021)在分析我国煤炭工业现状的基础上,建立了煤炭工业发展指数(CIDI)体系,提出一种最小偏差组合加权方法以确定综合指标权重,并基于灰色理论和 TOPSIS 构建综合评价模型。

三、转型路径的相关研究

煤炭行业未来一段时间的主要任务仍是减少污染物排放、淘汰落后产能和提升能源利用效率。低碳战略强调煤炭行业需提升能源利用效率,并注重污染物治理效率,以实现清洁、高效、可持续的发展目标。因此,煤炭行业必须加速技术创新和产业升级步伐,积极推广和应用煤炭清洁利用技术,以满足低碳战略对行业的严格要求。多元化的发展战略是煤炭行业应对未来能源转型和市场变化的重要手段。通过向新能源、新材料等领域拓展,实现业务多元化和产业升级,提升煤炭行业的抗风险能力和市场竞争力。目前,煤炭行业转型路径的研究工作主要围绕行业维度以及分区域行业维度展开。这些差异化的研究视角有针对性地服务于各类研究问题,旨在深入剖析煤炭行业转型发展的内在机理,并提供具有明确导向性的策略指导。

从行业维度进行研究。此类研究专注于煤炭行业作为核心考察对象,通过对其进行全面而细致的剖析,旨在获取更为详尽的研究结果,为煤炭行业未来的转型升级提出一套更为全面的路径建议。郭金刚(2016)认为在煤炭产业未来的发展趋势中,创新驱动将被视为推动其前进的核心动力,他建立的多元化发展框架包含创新驱动、精细化管理及一体化经营等。冯蕾(2018)以中小煤炭企业作为研究对象进行了深入探讨。其研究结果表明,中小煤炭企业必须攻克关键技术难题,打破技术障碍,以促进煤炭产业的技术创新与发展。仵明丽(2015)认为推动煤炭企业转型的路径包括加快科技创新、延伸产业链并发展新兴产业。姜大霖、聂立功(2016)通过对煤炭低碳化转型可选技术路径的初步研究,认为煤炭企业需要通过实施碳减排措施来实现转型。陈茜(2017)通过对国内外煤炭企业成功转型案例的细致分析,归纳并指出了符合我国煤炭企业实际情况的转型路径与模式。王云珠、韩芸(2017)在分析低碳发展背景下山西煤炭企业转型所面临的问题基础上,提出了适用于清洁能源时代的具体路径与实施方案。李国敏等(2019)以山西省煤炭行业为例,构建了一个基于耦合协调度的高质量发展评价模型,研究认为,山西省在未来仍需持续推进煤炭资源整合与环境治理工作,以此引领煤炭行业朝着高效、安全、生态化的高质量发展路径稳步转型。金智新等(2023)深入剖析了煤炭行业发展所面临的一系列难题,从而针对不同"双碳"时期提出不同的转型路径,在目前至碳达峰时期,应在保障能源供应中实现高质量发展,推动供应保障和低碳协同发展;在碳达峰碳中和时期,应积极促进煤炭与现代煤化工、煤炭与新能源等产业的深度融合发展,以实现绿色低碳的转型目标。边岗亮(2021)通过对智能化煤矿所需人才的特点、煤炭行业当前劳动力状况以及劳动力结构转型需求的深入分析,认为煤炭行业应当致力于培养智能化煤矿专业人才,并积极推进人力资源结构的转型工作。腾吉文等(2021)认为煤炭向绿色、清洁、高效、低碳转型已成为必然趋势,因此煤炭行业必须不断推进洁净煤利用技术以及煤炭液化、气化等相关技术的发展,从而转变产能模式,使其成为安全、可靠的能源供给后备基地。Zhong 等(2022)认为需要制订更合适的煤炭供应计划,布局煤炭运输网,推广先进技术,以实现煤炭的清洁高效生产、运输和消费。

从分区域行业维度进行研究。这类研究是指在行业维度研究的基础上,结合煤炭资源区域分布不均的特点,从而更全面地对煤炭行业转型路径进行探讨,为煤炭行业的转型之路提供了新的见解。刘耀彬等(2023)借助障碍因子的差异性对2003—2019年间30个煤炭城市进行了分类。研究发现,煤炭城市在经济韧性方面的整体表现欠佳,且各城市间存在显著差距,其中人均GDP对煤炭城市经济韧性的阻碍作用尤为突出。张丽峰等(2022)选取18个煤炭资源型城市作为研究对象,基于耦合协调度模型的研究结果显示,这些城市中实现良好协调发展的数量较少。因此,需要加大资源和人力资本的投入力度,以提升技术创新水平,并推动产业结构的转型升级,从而进一步促进煤炭资源型城市产业的绿色转型进程。Liu等(2022)按照"自下而上"的方向,采用实物期权法建立投资碳捕集、利用和封存设备(CCUS)和消除高碳密集型单位的决策模型,分析碳中和目标背景下中国各省煤电的四条转型路径,进一步探讨了煤电的发展潜力,并在此基础上提出一些政策影响。Zhang等(2023)动态模拟了中国2020—2035年29个省份的煤电需求和后续二氧化碳排放,研究发现,到2035年,中国的煤电需求将持续上升,华东地区的二氧化碳排放量最为显著。袁亮(2021)以五大矿区为例,提出煤炭产业绿色转型需遵循以下战略:坚守煤炭产业的低碳节能发展方向,优先通过创新推动煤炭开采向数字化、智能化转型,以及坚持供给侧结构性改革,以淘汰落后产能。

四、国内外研究现状评述

通过对现有文献的整理和分析,我们发现国内外的研究者从多个领域和不同的角度,对与煤炭有关的转型机制、转型效果的评估方法以及具体的转型路径等问题进行了深入的探讨和研究,并进行了理论和实证方面的分析,为煤炭行业的转型提供了理论支撑和方案建议,为本文的深入研究提供了大量的研究成果作为参考依据。

首先,在转型机制这一领域,国内外的专家学者对煤炭行业的转型模式与机制展开了全面且细致的探讨,这些研究涵盖了政策引导、市场机制、技术创新、产业结构调整等多个维度。学者不仅从理论层面探讨了煤炭行业转型的内在逻辑和动力机制,还通过实证分析验证了不同转型机制的有效性和适用性。然而,尽管这些研究为煤炭行业的转型提供了宝贵的理论支撑和实践指导,但多数研究仍侧重于对转型机制的单一维度或特定方面的分析,缺乏对不同转型机制之间相互作用和影响的综合考量。特别是在"双碳"目标背景下,煤炭行业的转型机制更加复杂多变,需要综合考虑政策、市场、技术、产业等多个方面的因素,形成协同推进的转型机制体系。

其次,在转型测度的范畴内,国内外学者主要采用熵权法、TOPSIS法、模糊综合评价法、数据包络分析(DEA)、层次分析法(AHP)以及灰色聚类法等多种研究方法。以上方法都有各自的局限性,基本上属于静态覆盖研究期,往往只专注于短期,很少关注转型发展的长期变化。基于煤炭行业转型发展是一个动态的过程,本书采用投影寻踪模型综合评价煤炭行业转型发展效果。考虑到解决这一复杂非线性优化问题的难度,本书将运用加速遗传算法来在全局范围内寻找最优解。

最后,转型路径方面,由于中国各省的特征及发展阶段不同,转型方向和模式必然各异,虽然相关文献从行业维度和分区域行业维度对转型路径进行了全面分析,并且强调了区域间的差异及变化趋势,但多基于特定视角进行阐述,缺乏对不同区域煤炭行业转型发展的深度及多维的分析,尤其针对"双碳"背景下煤炭行业转型路径与对策,尚未形成系统、全面的综合性研究。

第三节 研究思路与方法

一、研究思路

本书基于"双碳"背景,围绕煤炭行业转型机制与路径研究,以"动因分析—机制分析—实证分析—路径分析"为整体框架,首先为问题的提出,主要包括介绍文章的研究背景、研究的理论意义与实践意义、并基于对煤炭行业转型研究背景及意义的探讨,通过对国内外已有研究的全面整理和总结,本文清晰地构建了整体的研究思路框架,并明确了研究的具体内容、采用的方法以及创新点等关键要素。接下来,基于碳达峰碳中和及煤炭行业的概念分析和循环经济、低碳经济、绿色经济和可持续经济的理论分析,从煤炭行业发展现状、所面临的问题及转型的必要性揭示了转型的动因。然后,在对煤炭行业转型发展目标及利益相关主体分析的基础上,基于DPSIR构建了煤炭行业转型机制模型,并对其进行了深入分析。进一步对煤炭行业转型发展进行了测度和评价研究。具体而言,在对煤炭行业发展现状及煤炭行业转型机制进行分析的基础上,构建了涵盖经济支撑、能源安全、环境保护、技术保障、产业转移及资源利用6个维度的煤炭行业转型测度体系,以"地域→行业"为研究主线,考量了煤炭行业转型发展过程中时间与空间上的演变特征。其次,又深入研究了煤炭行业转型发展的各种驱动因素,同时实证探讨了这些因素在空间上的溢出影响效应,以"地区—行业"为切入点,提出了一系列多层面的煤炭行业转型策略与路径。最后,归纳研究结论,总结了研究观点,根据煤炭行业转型发展的层次化差异特征、机制和路径优化的探索,结合煤炭行业转型发展现状和总体要求,以地区—行业为导向,给出推动煤炭行业转型的政策建议。基于以上研究思路,本书的技术路线如图 1-1 所示。

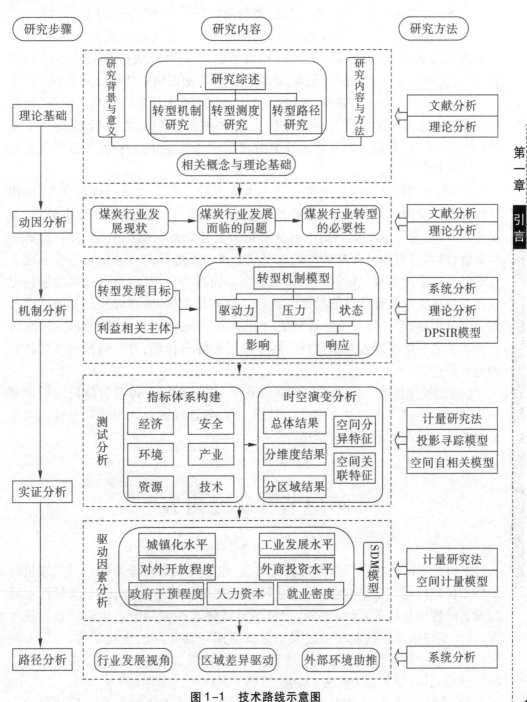

图 1-1 技术路线示意图

二、研究方法

本书将综合运用文献研究、模型构建、定量分析及实证研究等方法,并借助Eviews、Stata、Matlab 及 Excel 等软件处理数据。具体主要包括以下研究方法:

(1)文献研究法。全面收集、阅读和整理国内外有关转型机制、转型测度和转型路径的文献,在此基础上,梳理和归纳已有研究的成果及尚待解决的问题,为寻找和建立本文的研究思路、理论模型积累知识储备奠定研究基础。

(2)系统分析法。一种科学的研究方法,它侧重于从系统的角度出发,对复杂问题进行全面、深入的分析。这种方法的核心思想是将问题视为一个整体,即一个系统,然后分析系统的各个组成部分、它们之间的相互关系以及它们对整个系统的影响。

(3)投影寻踪法。投影寻踪法是一种先进的多元统计分析技术,广泛应用于现代统计学中,用于高效处理高维数据分析难题。该方法依据样本数据,遵循特定原则,将原本复杂的高维数据简化为更易处理的低维数据表示,例如一维数值,以实现对高维数据的直观观察和分析。投影寻踪方法的核心投影理念在于最大限度地展现原始样本数据的内在结构或特性,其目标是找到能够使得投影指标函数取得最佳值的投影值 $z(i)$。空间计量模型,在煤炭行业转型驱动因素的分析中,设计构建空间计量的分析方法,并通过溢出效应的分解分析,深入分析了多个维度因素对煤炭行业转型发展的综合作用,并准确预判了其转型的可行路径。

(4)比较分析法。本文采用比较分析法,将煤炭行业转型的分析结果按照东部、中部、西部三个地域类别进行划分,针对各地区的煤炭行业转型特点与发展规律进行了深入的对比与剖析。

第四节　研究内容

本研究以河南煤炭行业作为研究对象,在分析煤炭行业总体概况及煤炭行业转型机制的基础上,构建煤炭行业转型发展的测度体系,归纳了煤炭行业转型发展的性质与特征,系统剖析、评价各地区煤炭行业转型发展的演进。基于此,进一步评估煤炭行业转型过程中区域空间联动布局的影响效应,并深入探究煤炭行业的转型路径。旨在通过相关内容,为煤炭行业的转型升级提供有力的依据和支持,进而助力实现"双碳"目标。具体研究内容如下:

(1)"双碳"目标下煤炭行业转型机制研究。基于煤炭行业转型动因的分析,分析了煤炭行业转型发展的目标和利益相关主体。在此基础上,基于 DPSIR 理论模型,围绕煤炭行业的经济、资源和环境等方面,从驱动力、压力、状态、影响和响应系统分析了煤炭行业转型机制。从相关概念和理论基础的梳理,深入转型动因的分析,再拓展到转型机制的研究,通过这一有机衔接的研究路径为后续的实证研究奠定了坚实的理论基础。

(2)"双碳"目标下煤炭行业转型发展测度。本书以 2011—2021 年河南省面板数据为基础,构建了一套煤炭行业转型发展的综合评估体系,采用融合了加速遗传算法的投影寻踪方法,对煤炭行业的转型进程进行细致的描绘与深入的评估分析,并运用空间自相关分析方法分析河南省煤炭行业转型发展的层次差异、分布特征及演进规律。

(3)"双碳"目标下煤炭行业转型发展驱动因素的实证分析。以"双碳"目标为导向,对煤炭行业转型发展的驱动因素及空间溢出影响效应进行实证和探讨,并对空间影响关系做了进一步分解分析,从而更为精确地揭示了各因素在推动煤炭行业转型发展过程中所产生的空间溢出效应及其所表现出的异质性特点。

(4)"双碳"目标下煤炭行业转型路径探讨。借助设计的测度方法体系,以"地区—行业"为切入点,从煤炭行业的转型机制出发,深入进行转型的量化评估及影响因素的作用机制分析,综合考虑区域转型发展差异,多维度探究分区域的煤炭行业转型路径。

第五节　研究创新点

从系统演化视角构建了煤炭行业转型机制模型,在明确煤炭行业转型发展目标及相关利益体的基础上,运用 DPSIR 理论模型,从煤炭行业的经济、资源及环境等维度,对煤炭行业转型发展的核心要素进行了系统性解析,这一系列分析不仅揭示了煤炭行业转型的内在机制,而且拓宽了理论研究的视野,为后续的实证研究提供了坚实可靠的理论支撑。

从煤炭行业转型发展目标及核心要素入手,基于"双碳"目标,构建多维度下的煤炭行业转型发展评价指标体系,为准确评估转型发展水平奠定了基础。将能源安全维度纳入指标体系,突破了以往的局限,完善了转型发展的指标体系。其次,采用基于加速遗传算法的投影寻踪模型,动态评估煤炭行业转型发展水平,使评价结果更加客观准确。

从煤炭资源分布不均的特点出发,基于区域差异性,引入空间自相关模型和空间计量模型,分析区域间的空间关联性和空间集聚效应,并识别驱动因素对煤炭行业转型发展的影响,从而提出更科学合理的煤炭行业转型发展政策,推动实现煤炭行业低碳转型。

相关概念与理论基础

在对本研究开展深入分析之前,应当对本文涉及的相关已有研究成果与理论依据做全面、系统的梳理。本章内容首先主要回溯了碳达峰、碳中和及煤炭行业三方面的概念,涉及碳排放、碳固定等核心概念的界定。随后,本章对研究的理论基础进行了系统归纳,包括循环经济理论、低碳经济理论、可持续发展理论和绿色经济理论,并在上述理论支撑下归纳出本研究的理论分析框架,以期为进一步开展本研究提供路径指引。

第一节　相关概念

一、碳达峰

面对全球气候变化,推动绿色发展成为当今时代的重要议题,碳达峰碳中和(简称"双碳")应运而生。为了达成这一目标,中国在政策层面迈出了重要一步,2021 年 10 月 24 日,中共中央、国务院印发的《关于完整准确全面贯彻新发展理念做好碳达峰碳中和工作的意见》中关于"双碳"工作的意见,明确了具体目标:到 2030 年,经济社会发展全面绿色转型取得显著成效,重点耗能行业能源利用效率达到国际先进水平;到 2060 年,绿色低碳循环发展的经济体系和清洁低碳安全高效的能源体系全面建立,能源利用效率进一步达到国际领先水平,非化石能源消费比重达到 80% 以上。河南省政府为了完成这个目标采取了很多措施,包括调整能源结构和产业结构,发展可再生能源,建设大规模的清洁能源基地。

碳达峰是指碳排放量在某一时点达到峰值后,不再增长并逐渐下降。具体来说,碳达峰是指一个国家或地区在一定时间内碳排放量达到顶峰,之后则开始逐渐减少,这为实现碳中和奠定基础。碳达峰包括四种类型:①自然达峰,以德国、法国为例的发达国家经历了由经济增长导致二氧化碳大量排放的阶段,实现了碳排放的自然达峰;②衰退达峰,以东欧国家为例的计划经济体,因经济发展放缓导致能源需求降低,使碳排放量减少,实现碳排放的提前达峰;③波动达峰,以美国、日本、韩国为例的国家由于经济危机或经济发展迟缓导致了碳排放阶段性达峰,随后碳排量还会出现不同程度的增长或降低现象;④政策达峰,以中国为代表的发展中国家,为应对全球气候问题,以政策为驱动实现碳排放达峰,与上述达峰类型不同,发展中国家在工业技术、经济水平、城市化率等方面相对落后于发达国家,因此需要政策引导推进技术进步、产业升级和能源优化,以实现对碳排放量控制的目标。实现碳达峰将打破碳排放与经济发展之间的紧密联系,这意味着经济增长不再以增加碳排放为代价。碳达峰的实现标志着在绿色低碳转型过程中二氧化碳排放由增转降,预示着未来的经济发展模式将更环保、更有效率。

二、碳中和

为了控制全球气温上升及温室气体排放,2015 年 12 月《巴黎气候协定》正式签署,其核心目标是将全球气温上升控制在远低于工业革命前水平的 2 ℃ 以内,并争取把温度升幅控制 1.5 ℃ 以内。由于各国的能源安全问题和环境问题日益突出,"碳中和"一词开始在世界范围内广为流传。所谓"碳中和"即实现"零碳"排放,进而达到生态环保的目的。碳中和是一个复杂且多维度的概念,需要从碳排放和碳固定两个方面来理解,一是碳排放,二是碳固定。各种温室气体(主要是二氧化碳)向大气中的排放过程就是碳排放。这些排放可以来源于人为过程,也可以来源于自然过程,人为碳排放的主要来源有煤炭、天然气、石油等化石燃料的燃烧。在人类的各种活动中,如工业生产、交通运输、城市运行和日常生活中,使用化石燃料会造成大量二氧化碳排放。自然过程的碳排放也有许多种类,如火山喷发、煤炭的地下自燃等。自然界的碳排放相比于人为碳排放对大气二氧化碳浓度变化的影响几乎可以忽略不计。碳固定也分为人工和自然两种方式,它是减少大气中二氧化碳浓度的有效手段。自然固定主要发生在陆地生态系统中,尤其是森林生态系统,通过光合作用将二氧化碳转化为有机物并储存,从而降低大气中二氧化碳的浓度。森林作为自然固碳的主要场所,我们应该更加重视和保护。人工固定则是通过生物或化学工艺,将二氧化碳收集并转化为其他化学物质,以固定碳元素。这些物质可以在工业上得到应用,从而实现二氧化碳的资源化利用。另一种人工固定二氧化碳的方式是将其封存到地下和海洋深处。这种技术可以有效地防止二氧化碳重新释放到大气中,从而长期地减少大气中的二氧化碳浓度。碳中和,简单来说,就是指通过一系列措施,通过各种方式使人类活动所产生的二氧化碳排放量与被去除的二氧化碳之间达到平衡,从而使大气中的二氧化碳浓度不再升高。碳中和是一种减少温室气体排放的有效方法,利用了植树造林、生态修复、生物多样性维护等方法,抵消掉了二氧化碳排放量进而实现了二氧化碳的"零排放",可以有效地减少温室气体的排放量,减少对全球环境的影响从而改善人类居住环境,这对实现全球可持续发展有重要意义。

三、煤炭行业

煤炭行业作为河南省经济发展的重要支柱,其核心业务在于开采煤炭资源,对于推动该省的经济进步与社会发展具有不可替代的作用。这一行业广泛应用于电力、化工、建材及钢铁等关键领域,为各行业的正常运作提供了能源保障。在地理分布上,众多煤炭企业紧密依托煤矿资源的分布,其中河南省煤炭资源丰富,拥有众多煤炭行业上市公司。

煤炭行业在河南省的政策和文件规定中被明确为污染最严重行业之一,作为研究对象被列入河南省环境保护局(现为河南省生态环境厅)的管理范畴。生态环保部(现为生态环境部)于2010年9月发布的《上市公司环境信息披露工作指引》,将污染最严重的16个行业(包括火电,钢铁,建材,解招,煤炭,制药,冶金,化工,石化,纺织,水泥,造纸,酸造,制革,发酵,采掘)列入其中。煤炭行业之所以是主要能源来源的支撑和重要经济支柱,是因为未来经济发展目标和人民整体生活水平的提高离不开以煤炭资源开采为主的单位。本书以煤炭行业作为研究对象,而煤炭行业作为全球经济中重要的基础能源产业,其内涵广泛且复杂,涉及从资源开采、加工处理到销售应用的多个环节。为了明确研究对象并界定研究范围,则应该首先对煤炭行业的内涵进行界定,为后文研究中收集整理相关行业数据提供依据。根据我国国家标准《国民经济行业分类(GB/T 4754—2017)》的规定,煤炭开采和洗选业在不涉及煤炭产品生产和煤炭勘探活动的情况下,以煤炭资源的开采、洗选和分级为核心的生产活动为主。煤炭开采与洗选业是煤炭产业链中的重要环节,它直接关系到煤炭资源的有效利用和环境保护。因此,本书中的煤炭行业是指煤炭开采与洗选业。标准中规定,单位从事某一经济活动时,其所从事的行业按照该经济活动直接予以认定;但是当一个单位同时从事两个或两个以上的经济活动时,其所从事的行业就需要根据主要的活动而定。这里的主要活动是指占其单位增加值份额最大的活动。增加值是一个经济指标,它反映了单位在生产过程中新创造的价值。因此,通过比较不同经济活动的增加值份额,可以客观地确定单位的主要活动。当然,在某些情况下可能无法直接通过增加值来确定主要活动。这时标准允许使用销售收入、营业收入或从业人员等作为替代指标来确定主要活动。这些指标同样能够反映单位在不同经济活动中的投入和产出情况,从而帮助确定主要活动。在煤炭行业中,这些规定同样适用。如果一个煤炭企业同时从事煤炭开采、洗选以及煤制品生产等多种经济活动,那么就需要根据上述规定来确定其行业归属。

因此,本书研究的煤炭行业是指采选和洗选行业涉及的行业分类。即使有的企业存在多种经营活动,但只要是以煤炭开采和洗选为主要经营活动的企业,都会被看作是煤炭产业。在后续的具体分析中,收集整理的行业数据都是来源于相关统计年鉴中列入煤炭开采与洗选业的部分,这种界定方式确保了研究的准确性和针对性。

第二节 理论基础

一、循环经济理论

循环经济理论的发展主要源于对传统线性经济模式的反思。随着资源消耗和环境污染问题的加剧,循环经济理论应运而生,旨在通过减少资源消耗、延长产品生命周期和促进废物再利用,实现经济与环境的可持续发展。这一理论受到日益紧迫的全球资源短缺和环境保护需求的驱动,强调通过系统优化和创新,实现经济效益与生态效益的双赢。

循环经济理论作为应对资源枯竭和环境问题的重要策略,始于 20 世纪 60 年代,从美国经济学家波尔丁提出的"宇宙飞船经济理论"逐渐发展而来。20 世纪 70 至 80 年代,循环经济理论处于初步探索阶段,首先提出末端治理理念,随后发展出资源化的概念,但仍存在局限。在 20 世纪 90 年代,随着可持续发展战略成为全球潮流,循环经济理论得到深化,零散的理论被进一步整合为系统战略,国际合作与交流进一步促进了其发展,德国和日本等国还出台了相关法律。进入 21 世纪,循环经济理论在工业等多个领域得到广泛应用,从清洁生产起步,逐步迈向多产业协同构建循环体系。各国政策支持和公众意识的提升助力循环经济理论不断拓展与完善,逐步在全球形成了资源循环利用、经济与环境协同发展的格局,并朝着更高水平持续演进。

循环经济理论强调在资源投入、生产、消费及废弃的全过程,将传统依赖资源消耗的线性增长模式,转变成生态型的资源循环发展模式。其核心在于资源的高效及循环利用,具备高效益、低排放、低开采的特点,旨在解决资源有限与发展需求无限之间的矛盾。循环经济通过提高资源利用效率和减少环境污染,实现生态环境与经济发展更稳固、良性的协调统一。这一理论强调资源循环和再生利用,构建了"资源→产品→废弃物→再生资源(或最终处理)→再生产品"的闭环经济模式,打破了传统线性经济模式的局限。在这种模式下,废弃物不再被视为无用的负担,而是被看作潜在的资源和财富。通过先进的技术手段和创新的管理方式,废弃物可以被有效转化为再生资源,再次进入生产流程,从而实现资源的最大化利用。循环经济的发展不仅有助于缓解资源短缺和环境污染,还能推动经济的可持续发展和社会的全面进步。这种模式不仅为企业提供了新的商业机会,还推动了技术创新和产业升级,促进了绿色经济模式的形成。

循环经济理论的基础原则是 3R 原则,即减量化(Reducing)、再利用(Reusing)和再循环(Recycling),这些原则对深入理解循环经济的核心理念尤为关键。这三个原则在循环经济的建立与实施中至关重要,共同构成了其核心。首先,减量化(Reducing),作为输入端控制方法,强调从源头减少资源消耗和污染产生。这要求企业通过采用环保材料、提高资源利用效率、优化产品设计等手段,尽可能地减少不必要的物质和能量消耗。为减轻资源与环境压力,关键在于削减资源浪费、减少污染。企业需开发新技术,改进生产流程,并采用精益管理。同时,提高消费者的环境意识,促进绿色消费。其次,再利用(Reusing),旨在延长产品寿命,减少浪费。企业应在设计时考虑产品的再利用和维护便利性。二级市场和共享经济为此提供了更多机会。最后,再循环(Recycling),旨在将废弃物转化为资源,需构建完备的废物回收体系、推进技术创新,依靠政府立法及政策扶持,激励产品回收再利用。这三者之间的关系是相互关联、相互促进,共同构成了循环经济的完整体系。减量化原则从源头减少资源消耗和污染,为再利用和再循环奠定基础;再利用通过延长产品寿命和减少一次性用品使用,进一步减少资源浪费;再循环则将废弃物转化为资源,实现资源最大化利用、污染最小化排放。通过这三个原则的结合,循环经济不仅在经济上实现资源高效利用,还在社会上推动公众环保意识提升,最终实现可持续发展的目标。这种模式为企业带来新的发展机遇,也为社会的绿色转型提供了坚实基础。

循环经济的成功实施依靠于多种因素,包括政府的政策支持、公众的环保意识和国际合作。政府在循环经济的发展中起着至关重要的作用。政府可以通过制定法律法规、经济政策、管理政策等多方面的政策来推动循环经济的实施。在法律法规上,政府可以制定严格的环境保护法律法规,强制企业和个人遵守环保要求,减少资源浪费和环境污染。例如,对废弃物的排放和处理进行严格监管,对违反环保法规的行为进行严厉处罚。在经济政策上,政府可以通过税收政策、补贴政策等经济手段来鼓励企业和个人参与循环经济。例如,对资源回收利用企业给予税收优惠,对使用环保产品的消费者给予补贴。在管理政策上,政府可以加强对循环经济项目的管理和监督,确保项目的顺利实施。例如,建立循环经济项目审批制度,加强对项目的跟踪和评估公众的环保意识是循环经济成功实施的重要基础。公众的环保意识越高,越有利于循环经济的实施。同时,公众环保意识的提高可以促使公众更加关注环境保护,更加积极地参与环保活动,减少资源浪费和环境污染。如垃圾分类、资源回收等。政府和社会可以通过多种途径来提高公众的环保意识。例如,加强环保教育,提高公众对环境保护的认识;开展环保宣传活动,提高公众对环保问题的关注度;鼓励公众参与环保组织活动,提高公众的环保参与度。国际合作在循环经济的发展中也起着重要的作用。随着经济全球化的发展,资源和环境问题已经成为全球性问题,需要各国共同努力来解决。国际合作可以促进各国之间的技术交流和经验分享,提高各国循环经济的发展水平。同时,国际合作也可以促进各国之间的贸易往来,推动循环经济产品和服务的流通。各国可以通过签署国际环保协议、开展国际环保合作项目等途径来加强国际合作。例如,《巴黎协定》等国际环保协议,共同应对气候变化问题,共同推动循环经济的发展。综上所述,循环经济的成功实施依赖于政府政策支持、公众环保意识和国际合作等多种因素。只有政府、企业、公众和国际社会共同努力,才能实现循环经济的可持续发展。

循环经济理论在河南省的应用和发展已成为解决资源短缺和污染问题的重要战略。河南省通过《循环经济法》等政策法规的支持,在多个领域推动了循环经济的实施,提升了资源利用效率和废弃物回收率。在工业领域,鼓励企业采用清洁生产技术,减少资源消耗和污染排放,同时提高废弃物的回收和再利用率,比如河南天瑞集团水泥有限公司采用清洁生产技术,对生产废渣等废弃物进行回收再利用,既减少了资源消耗,又降低了污染排放。在农业方面,大力推广有机种植和利用有机废弃物制肥,减少化肥使用,保护土壤健康。在城市建设上,则注重绿色建筑、智能城市发展以及建筑材料和垃圾的循环利用,如河南鹤壁市积极打造绿色建筑项目,将建筑垃圾加工处理后用于新建筑,实现建筑材料循环利用,推动城市可持续发展。此外,河南省物联网和大数据技术的应用优化了资源分配和管理,进一步提升了循环经济的效率。尽管面临技术、监管和执法等方面的挑战,河南省通过加大技术研发投资、完善政策体系以及提升公众环保意识,促进了绿色消费理念和企业社会责任感的增强,推动了经济增长与环境保护的协调统一。

循环经济理论的实施对于河南煤炭行业实现可持续发展和"双碳"目标至关重要,了解其必要性和具体应用方式显得尤为重要。煤炭作为河南省的基础能源,正面临环境压力和转型需求。长期以来,河南煤炭行业因高污染而受关注,其开采和使用过程中产生大量温室气体和污染物,如二氧化碳、硫氧化物、氮氧化物等,严重影响空气质量和生态环境。随着全球气候变化的加剧,河南各级政府和社会都在努力减少碳排放,改善空气质量。这一目标迫使河南煤炭行业采取有效措施,以降低其"生态足迹"。此外,河南的优质煤炭资源的减少使行业面临风险,导致生产成本增加和供应压力的上升。这一状况促使河南煤炭行业探索提高资源效率、开发替代能源和延长现有资源寿命的新技术。例如,河南神火集团积极引入先进开采净化技术,通过发展煤层气开发等综合利用技术,提升了资源利用效率,助力企业在低碳转型道路上稳步迈进。与此同时,河南的环保政策愈发严格,河南各级政府颁布了严格的环境法规和二氧化碳减排指南,加速煤炭行业转型进程。二氧化碳排放限制计划和二氧化碳税收政策将提高煤炭的使用成本,鼓励企业寻求更清洁的发电技术和替代能源。此外,市场发展带来的竞争压力也不容忽视。可再生能源的快速发展,特别是风能和太阳能技术的成熟和成本的降低,正在逐步减少河南传统煤炭市场的需求。消费者与清洁能源公司的需求不断增长,驱使河南煤炭行业创新发展模式从而保持竞争力。面对形势变化,河南煤炭企业需重构商业模式,适配新能源组合,迈向可持续发展。在能源需求攀升与环保压力并行的形势下,河南煤炭行业须转向循环经济理念,注重资源再利用与高效利用,减少资源浪费与环境污染,推动经济环境协同。技术创新可减少煤炭开采、加工、运输及使用各环节浪费,如洗煤时的废水回收、固废资源化等。引入先进开采净化技术,发展煤气化、液化、煤层气开发等综合利用技术,能提升资源利用效率与清洁度。河南的政策扶持与绿色投资激励,对行业绿色低碳转型极为关键。循环经济模式兼具经济、社会与生态效益,可减少污染物排放、碳足迹,改善环境质量,契合生态文明建设目标,增强公众信任。凭借技术创新、政策支持与社会合作,河南煤炭行业将在促进经济增长时助力环保与可持续发展。

二、低碳经济理论

低碳经济理论的产生大约在 21 世纪初,随着全球气候变暖的加剧,极端天气事件频发,如洪水、干旱、热浪等,这些气候变化对人类的生存和发展带来了严峻挑战。气候变化不仅影响农业生产和食物安全,还导致海平面上升,严重威胁沿海城市和低洼地区的安全。此外,生态系统失衡和物种灭绝风险增加,人类健康也面临更多挑战,如传染病的传播等。自工业革命以来,由于人类活动显著增加了温室气体排放,全球气温升高,气候变化加剧。科学界普遍认为,这将引发极端天气、海平面上升和生态系统失衡等严重后果。因此,这些问题迫使全球各国开始反思传统的发展模式,并寻求更加可持续的发展路径。为了应对气候变化和能源短缺等挑战,低碳经济理论应运而生。

低碳经济已成为全球应对气候变化和实现可持续发展的关键路径。1992 年《联合国气候变化框架公约》的签署标志着国际社会正式关注气候变化问题,1997 年的《京都议定书》进一步明确了发达国家的减排目标,为全球朝低碳方向努力提供了法律和政策依据。低碳经济理论思想初步形成于2003年,当时英国政府发布了《我们能源的未来,创建低碳经济》报告。该报告首次从国家层面提出了低碳经济发展的路径,引起了国际社会的广泛关注。自英国提出低碳经济概念以来,各国纷纷响应,出台相关政策措施,推动低碳技术的研发和应用,促进产业结构的优化升级,提高能源利用效率,减少温室气体排放。同时,化石燃料的有限性和价格波动促使各国更加重视能源安全,传统高碳经济模式带来的环境污染和资源消耗问题日益突出,推动各国探索可持续经济发展路径,低碳经济因此成为实现能源安全和经济转型的重要方向。近年来,太阳能、风能和电动汽车等清洁能源和节能技术的快速发展,使低碳经济的实现更加可行且具有经济效益。如今,低碳经济已成为全球发展的重要方向。

低碳经济理论是一种目标在于减少生态环境代价的经济发展模式和能源消费方式。在可持续发展理念和科学发展观的指导下,低碳经济通过技术创新、产业转型、新能源开发等手段,尽可能降低煤炭、石油等高碳能源的消耗,减少温室气体排放,实现经济可持续发展与环境保护的双赢。其基本特征是低能耗、低排放、低污染,具体表现为低碳社会、低碳技术、低碳能源、低碳产业等。低碳经济理论的重要性日益显现,尤其在应对全球挑战层面来看,它是人类社会未来实现可持续发展的关键所在。随着气候变暖和环境恶化,低碳经济成为应对这一挑战的关键,通过减少碳排放来缓解全球气候变化危机,保护地球生态。这关乎国家安全与战略地位,率先在低碳领域取得优势的国家将在未来竞争中占据有利位置。在国内,低碳经济为经济结构调整提供新方向,推动经济向绿色、高效转型,催生新兴产业,激发技术创新,成为经济增长的新动力。尽管转型初期面临挑战,但从长远看,能源结构将优化,资源利用效率提升,环境污染减少,民生福祉改善。对于河南省,发展低碳经济彰显区域责任担当,助推黄河流域生态治理,培育绿色发展新动能,是中原经济区实现高质量转型的关键路径。

低碳经济理论的发展和应用依赖于多方面因素的共同作用。低碳经济的实现依赖于多方面因素的协同作用。企业需要创新商业模式,采用绿色技术,政府则需制定长远的政策规划,通过完善碳排放标准、碳税收政策和碳交易市场,强制或激励企业和个人减少碳排放。例如,欧盟的《绿色协议》提出到2050年实现碳中和,为成员国提供了明确的政策框架。技术创新是实现低碳经济的核心动力,新能源技术的进步,如太阳能、风能和氢能技术的成熟,使清洁能源的利用更加广泛和高效。同时,节能技术和碳捕集与封存(Carbon Capture, Utilization and Storage,简称CCUS)技术的发展也为传统产业的低碳转型提供技术支持。低碳经济要求对传统高能耗、高排放的经济结构进行调整,推动高耗能产业向低耗能、低排放方向发展,发展服务业和高科技产业,减少对重工业产业的依赖。优化能源结构是关键,增加可再生能源在能源消费中的比例,减少对化石燃料的依赖。社会意识与公众参与同样重要,公众对气候变化和环保问题的意识提高,对低碳经济的发展起到推动作用,随着时代发展,公众对绿色产品和服务的需求不断增加,推动企业采用低碳环保生产模式。此外,国际合作在应对气候变化中的作用也至关重要,通过《巴黎协定》等协议,各国分享低碳技术和经验,共同应对全球挑战。最后,金融支持,如绿色金融和碳基金,为低碳项目提供资金,吸引社会资本投入低碳产业,推动技术研发和应用。低碳经济结合技术进步、政策支持和社会参与,不仅应对环境危机,还指引了未来经济发展方向,强调人与自然的和谐共生。总之,低碳经济的实现依赖政策、技术创新、经济和能源结构优化、公众环保意识提升、国际合作和金融支持。

低碳经济理论在河南省的发展与应用,已成为推动经济转型和应对气候变化的关键战略。河南省政府发布的相关节能降碳行动方案《河南省 2024—2025 年节能工作方案》,明确了未来两年的具体目标和行动路径,如降低单位GDP 的能源消耗和二氧化碳排放、提高非化石能源消费比例等。这不仅体现了河南省在全国气候治理中的担当,也能为其他地区提供借鉴。河南省以往的传统经济运作模式大多高度依赖煤炭、石油等化石燃料资源,这不可避免地导致了能源的过度损耗与低效运用,并向大气环境中释放出大量温室气体,使区域乃至全球气候变暖的趋势愈发严峻。鉴于此,河南省在低碳经济相关理论上着重倡导利用太阳能、风能和水能等清洁绿色能源,大力推动能源结构的转型升级。通过大力提升能源循环利用效率,河南省的低碳经济模式已有效降低了温室气体的排放总量。例如,河南兰考县大力发展光伏产业,利用丰富的太阳能资源建设众多分布式光伏电站,有效提升清洁能源占比,助力能源结构转型。低碳经济不仅关注能源消费结构与低碳技术,更能凸显系统性思维的关键,综合考量能源、产业等多种要素,为全省乃至全国的可持续发展奠定了坚实基础。在河南,低碳经济在政策制定、技术研发和公众教育等多层面有所体现。政府以激励政策与法规引导各界走向低碳,技术创新助力清洁能源广泛应用,公众环保意识提升推动绿色消费与低碳生活普及。通过这些综合举措,河南省持续推动低碳经济发展,为全国应对气候变化和实现可持续发展贡献了积极力量和宝贵经验。

低碳经济理论不仅是推动河南省经济繁荣的关键支点,也是实现"双碳"目标和应对全球气候变化的重要承诺。在低碳经济理论的指导下,河南省实现"双碳"目标意味着要在经济社会发展过程中,以降碳为重要抓手,促进经济、能源、产业结构的转型升级,使其更加低碳化。这一目标不仅是政策层面的要求,也是低碳经济理论的核心内涵。在此背景下,作为高碳排传统产业,河南省煤炭行业正处于转型压力与发展新机遇并存的阶段。为适应"双碳"目标,河南省煤炭行业必须以绿色低碳为主要发展方向。碳含量的降低已然成为河南省公共政策所追寻的重要目标之一，同时也是河南省低碳经济理论体系当中的关键要求所在。对于河南省煤炭行业而言，切实保障能源供应能够维持稳定状态，尽力降低对外部市场的依赖，逐步提升清洁能源在能源结构中的占比，同时减少化石燃料使用量，这些均已成为其当下所面临的首要关键任务。提高能源的利用效率，最大限度地降低能源浪费，减少无序排放，是河南省煤炭行业达成绿色低碳发展目标的关键。河南省煤炭行业需借技术创新与产业升级，降低生产消费碳排放。例如，河南郑州煤炭工业集团对老旧矿区进行绿色改造，通过植被恢复等举措，改善生态环境，助力煤炭行业绿色低碳发展。采用节能清洁工艺削减污染排放、提升环保水平，要以绿色低碳为趋向推动能源转型与新体系构建。实现这一目标需要河南省在技术、产业、制度和理念方面进行协同创新。河南省的技术创新推动高效清洁模式的形成，产业升级则朝向高附加值和环保方向发展。河南省的制度创新依赖于政府出台优惠补贴政策，引导企业实现转型。同时，河南省可持续发展理念的创新促使企业和社会树立绿色意识，向绿色低碳转变。国际、国内合作与交流结合河南本土实际经验，将有助于河南省煤炭行业高效转型，为河南"双碳"目标的实现贡献力量。总之，河南实现"双碳"目标不仅是对全球气候治理的重要贡献，也是推动省内经济高质量发展的重要战略。河南省煤炭行业的绿色转型在低碳经济发展中扮演着关键角色，具有深远影响和重要意义。

三、可持续发展理论

可持续发展理论的产生源于工业化进程带来的环境问题和资源枯竭等风险。自 19 世纪以来，全球经济的迅速增长导致空气和水污染、森林砍伐和生物多样性丧失，工业活动的扩张加剧了资源消耗和生态破坏。对不可再生资源的过度依赖增加了资源枯竭的风险，各国开始重视可持续资源管理和可替代的新能源开发，以确保经济长期稳定。与此同时，全球化进程中发展中国家与发达国家之间的经济差距扩大，社会不平等问题更加突出。可持续发展理论强调社会的公平，旨在缩小贫富差距，改善全球生活质量。此外，气候变化也成为人类社会的重大挑战，温室气体排放导致全球气温上升，引发极端天气和海平面上升。20 世纪中期，随着工业化的加速，环境污染和资源枯竭问题日益严重，引发了全球的广泛关注，日渐严重的环境和社会问题使人们逐渐意识到了可持续发展理论的重要性。

可持续发展理论的发展历程体现了全球对环境与经济协调的重视。1972 年，联合国在斯德哥尔摩召开了第一次人类环境会议，首次提出可持续发展的初步概念，强调经济发展与环境保护的协调。1987 年，挪威首相布伦特兰夫人（Gro Harlem Brundtland）在联合国世界环境与发展委员会（WCED）发表的报告《我们共同的未来》中,正式定义了可持续发展:"既能满足当代人的需要,又不损害后代满足其需要的能力的发展"。这一定义被广泛接受和认可,成为可持续发展理念的核心。1992 年,联合国环境与发展大会(里约地球峰会)提出了《21 世纪议程》,进一步推动了可持续发展理念的全球化,为各国制定可持续发展政策提供了指导框架。这一理论为各国在应对气候变化、资源管理和社会发展等方面提供了重要的理论基础和实践指导,促使全球在追求经济繁荣的同时,更加注重环境的保护和社会的公平正义。

可持续发展是一种从自然生态视角出发,涉及全人类永续发展的战略和模式,重在保护环境与生态系统,维持其健康稳定。它推动绿色经济同创新技术协同共进,鼓励运用清洁能源,助力经济可持续增长;聚焦社会公平正义,致力于消除贫困,提升教育、医疗水平;搭建应对气候变化的框架,强化国际合作与政策落地,保障地球环境良好运转。在经济可持续性方面,经济增长不能以牺牲生态环境和浪费资源为代价。鉴于资源有限、环境承载能力有限,应避免过度开发,实现经济从追求数量增长向提升质量效益转变。这需要通过技术创新和产业升级,实现经济的绿色转型。优化资源配置,提高资源利用效率,减少资源的浪费和环境的污染,是实现这一目标的关键。通过发展循环经济和清洁生产技术,企业可以在保持竞争力的同时减少对环境的负面影响。尽管生态系统具有自我调节功能,但人类活动必须在其承载能力范围内进行,合理开发资源、维护生态平衡与稳定。在社会可持续性方面,需着眼后代需求,保障人类长远生存环境与生活品质,注重公平公正,缩小贫富差距,促进社会包容。提升教育、医疗服务,既能增强公众幸福感,又可稳固社会繁荣。最终追求经济、环境与社会持续并协同发展,基于综合的考量,来制定科学缜密的发展战略,在追求经济繁荣时改善环境与提升福祉,这是应对全球挑战、保障未来世代与地球健康的关键,也为当前经济活动和全球治理及合作指明了方向,通过不断创新,尊重自然规律并促进社会公平正义,实现经济的可持续增长,为人类的未来奠定坚实基础。

可持续发展理论的发展和应用受到多种关键因素的影响。此理论秉持的核心准则是可持续性这一要旨,其内涵在于发展进程中,生态环境的承载能力和资源的有限性以及社会层面的公平公正都务必纳入综合考量的范畴。相较于传统的发展观念和单纯的环保主义理念,可持续发展理论在经济、生态和社会三个维度上展现了更为全面的特征,并且这些特征之间存在着复杂而深刻的内在关联。为实现可持续发展,我们必须遵循公平性、持续性和共同性这三项原则。公平性原则强调关切不同群体利益与需求,保障个体共享发展成果,要缩小贫富差距、合理分配资源,关照弱势群体,不让其被边缘化。持续性原则要求重视生态保护与资源利用,保障发展的长期稳定,需减少资源损耗,推动绿色技术和可再生能源的应用,维系生态系统健康稳定,通过环保政策与可持续生产消费模式,降低污染、保护生物的多样性,为后代保护好地球家园。共同性原则倡导强化国际合作,应对全球性挑战,推动全球可持续发展,各国要借助国际组织和多边协议,在多方面深度合作来达成目标。可持续发展作为全球的重要战略目标,要求各国遵循公平与可持续的原则。开展全球性的合作,构建人与自然和谐共生关系来实现这一共同的愿景,各国既要在国内落实相关战略,也要积极参与国际事务担责,确保生态平衡,致力于人类的长远福祉。而这一目标的实现需要政府、企业、社区、个人的协同参与,凭借多层次、多领域的协作,为构建美好世界筑牢根基。

可持续发展理论在河南省的应用中,通过全面的战略措施,积极应对经济增长与环境保护之间耦合的挑战。河南省政府制定实施如《河南省"十四五"生态环境保护和生态经济发展规划》等关键性政策,在多领域推动向绿色模式转型。工业上,河南省重视清洁生产与资源节约,推行低碳和循环经济模式以减排增效。农业方面,河南省积极推进生态农业与有机种植,保护生物多样性,保障可持续性。在城市建设过程中,河南省着力发展绿色建筑与智慧城市,强化基础设施可持续性,提升居民生活质量。如河南许昌市积极打造全国性的智慧城市样板,建设智能交通、智慧能源等系统,提升城市运行效率与居民生活质量,推动城市可持续建设。此外,技术创新与国内区域间合作对河南省的可持续发展极为关键,河南省大力推进可再生能源开发与环保技术创新,降低清洁能源成本,提升竞争力,还积极参与全国性的环境治理,与其他省份分享技术经验以应对环境挑战。通过提升公众环保意识与倡导绿色消费,激励社会各界共同努力形成全社会参与的氛围。这些举措推动了河南经济、社会和环境的协调发展,为全国乃至全球可持续发展贡献了重大力量,彰显了河南在国内以及相关领域中的积极担当。河南积极参与全方位、多领域的紧密协作,为塑造更加美好的区域环境奠定稳固根基。

可持续发展理论作为一项具有深远意义的全球性理念,其发展历程与内涵对河南省众多行业产生了深刻影响,尤其在河南省煤炭行业转型的实践中具有关键的指引作用。可持续发展理论强调在满足当前人类社会发展需求的同时,不损害未来世代满足需求的能力,其核心在于实现经济增长、社会公平和环境保护的平衡、和谐发展。对于河南省煤炭行业来说,这意味着需要在经济、社会和环境三个方面实现协调,通过加大政策支持和推动技术创新,降低对环境的负面影响,保障社区和生态系统的健康,确保河南省煤炭行业在实现"双碳"目标下的长期可持续性。例如,河南焦作煤业集团积极开展矿区生态修复工程,对采煤塌陷区进行复垦绿化,履行生态保护责任的同时改善周边环境,助力可持续发展。河南煤炭企业要依据综合环境管理要求,聚焦碳排放、水资源管控等事务,实施环境监测与生态修复,履行社会责任,关心周边社区福祉,创造就业机会、改善基础设施建设并保障居民健康。在经济可持续性方面,河南省煤炭行业应优化生产流程、提升资源利用效率,并探索新商业模式以增强市场竞争力。同时,要重视教育与技术创新能力建设,通过培训提升员工的环保意识和技能水平,从而提升企业的可持续发展能力。在供应链管理中,河南省煤炭行业要确保各环节符合环保与社会的责任标准,与供应商共同创建绿色供应链。风险管理与创新有助于应对各领域带来的挑战,提升河南省煤炭行业的适应能力和抗风险能力。落实这些举措,河南省煤炭行业有望实现长期的可持续发展,既满足当下需求,又不损害未来利益。

四、绿色经济理论

绿色经济理论的发展源于全球对环境问题和资源有限性的日渐关注。随着工业化和城市化的加速,资源消耗和环境污染问题变得愈发严重,传统经济模式的局限性逐渐显现。20世纪末,气候变化、生态破坏和生物多样性丧失等问题引起了国际社会的广泛关注,促使各国寻求可持续发展路径。在此背景下,绿色经济理论应运而生,旨在通过经济活动与环境保护的有机结合,实现经济增长与生态平衡的双赢。

绿色经济理论作为应对环境挑战与经济转型难题的关键指引,在全球发展进程中日益凸显其核心地位。全球一系列环境协议和政策,如1997年的《京都议定书》和2015年的《巴黎协定》,进一步推动了绿色经济理论的发展。国际间所达成的各类协议为世界各国清晰地确立了减排的具体目标及相应的行动框架,有力地促使各国政府去实施更为积极主动的环境保护措施。与此同时,公众在环保意识方面的逐步提升以及对健康生活模式的追求,已成为推动绿色经济理论持续向前发展的关键动力源泉。众多消费者更倾向于优先选用绿色环保的产品与服务,这样的市场需求状况有力地促进了整个市场朝着可持续性的方向转变。在当前的时代背景下,世界各国的政府、企业和社会组织积极采取实际行动,推动绿色技术的研发应用和可再生能源的广泛利用,努力促进绿色消费理念的广泛认同和可持续生产模式的全面推广。各国政府借助立法手段以及财政激励政策来为绿色产业的发展提供有力支持;企业则依靠技术创新举措以及责任投资行为,积极投身于绿色转型的浪潮之中;社会组织通过开展广泛的宣传活动以及深入的教育工作,逐步提升公众的环保意识水平,大力倡导绿色生活方式的养成与践行。

绿色经济理论是一种新兴的经济模式,旨在将生态环境保护与经济增长紧密结合。其是一种以环境容量和资源承载力为基础的经济发展方式,是环境友好型经济,通过在经济、社会与环境间探索一种平衡,以达到促进生态环境改善及经济可持续发展和提高生活质量的新发展之路。具体来说,它具有两层含义:一是"经济要绿色",也就是说,经济活动要按照"经济—自然"的原则来进行,遵循物质发展客观规律,在环境可承载范围内发展经济,使经济发展带有"绿色底色";二是强调"环境促进经济",发掘环境友好对经济发展的促进作用,这要求我们在发展过程中,既要认识到经济价值中蕴藏着深厚的生态因素,又要重视环境中蕴含的经济价值,以保护环境促进经济发展,达到经济发展与环境保护的双赢目的。

绿色经济理论的发展受到多重关键因素的影响,政策支持是其发展的重要推动力。首先,政府可以通过税收优惠、补贴和投资支持等手段,鼓励企业和个人采用绿色技术和可持续生产生活的方式。同时,加强环境监管,确保环保政策的有效实施。通过制定严格的法规并提供财政激励,推动绿色技术和可持续发展实践的推广。这包括经济奖励、提升环保标准以及严控违规行为,以助力绿色经济的稳健发展。其次,技术创新是绿色经济的核心驱动力。可再生能源、节能技术和环保材料的研发与应用显著降低了资源消耗和环境污染。技术进步使得太阳能、风能等可再生能源的成本逐渐降低,提高了行业的市场竞争力。新材料与新工艺的发展和应用也推动绿色建筑与清洁生产发展,为绿色经济注入强大技术力量。再次,市场需求的变动情况也在绿色经济发展进程中发挥着重要的影响力。鉴于消费者对绿色产品与服务的需求不断攀升,众多企业在这种趋势的驱动下,逐步向可持续性生产模式转变。市场对环保产品的青睐度渐增,进一步推动了绿色经济的蓬勃发展。企业通过技术创新来迎合这些市场需求,不但提升了自身的竞争实力,还带动了整个行业朝着绿色化方向进行转型变革。与此同时,社会意识的提升也是推动绿色经济发展的关键要素。伴随公众环保意识的日益增强,绿色消费模式的普及程度以及企业社会责任的践行力度都更显著。如今,消费者在选购产品时更加关注其对环境的影响,这促使企业愈发重视可持续发展战略的规划与落地,将社会责任深度嵌入日常运营的每个环节。这种消费者行为和企业响应的良性互动,正在推动整个市场朝着更加可持续的方向发展。国际合作在绿色经济发展进程里极为关键,各国借助全球协议签署、技术交流以及资金援助等形式,携手应对环境挑战。国际合作不但涵盖政府间协定,跨国企业与非政府组织的协作联动也包含其中,由此组建全球性绿色经济网络。最后,在经济方面,经济结构优化、产业升级换代等因素,为绿色经济筑牢了根基,通过优化资源配置与提升生产效率,实现经济增长与环境保护的双赢,经济结构转型促使传统高污染产业被绿色产业替代,催生出可持续发展的新经济增长点。这些要素相互交融、彼此作用,共同推动绿色经济发展,为构建全球可持续经济体系提供核心支撑。在政策、技术、市场、社会意识、国际合作与经济结构多方面协同交互下,绿色经济正逐步成为全球经济转型的关键走向。

绿色经济理论的发展取得了显著进展,成为推动河南省可持续发展的重要战略。河南省政府高度重视生态文明建设,将绿色经济纳入省级发展规划的核心,以系列政策措施促其发展。在政策上,发布相关的关键文件,如《河南省进一步强化金融支持绿色低碳发展实施方案》,为绿色技术与产业指引方向,凭借法律法规保障实施,助力绿色产业稳步发展。在技术创新层面,加大资金投入,积极开发太阳能、风能等可再生能源,其开发规模在国内也位居前列。同时,河南省还积极拓展电动汽车、节能建筑等绿色技术,构建完整的产业链,既推动省内产业快速发展,又提升了在国内的竞争力。例如,河南森源电气股份有限公司积极投入研发资源,大力拓展电动汽车充电桩技术与产品,既满足了市场绿色出行需求,又提升了自身在绿色产业中的影响力。市场需求转变也助推河南绿色经济发展。消费者倾向于绿色产品服务,促使企业采用环保生产模式,运用清洁技术、推行绿色营销,借此满足消费者环保需求并获得市场竞争优势。随着公众环保意识不断增强,河南的企业愈发重视社会责任,绿色消费与可持续发展实践日益普及,实现消费者与企业的双赢,为绿色经济营造了良好条件。在国际合作方面,河南借国内区域间合作交流等平台积极参与全国性环境治理,与其他省份、地区就绿色技术研发、环保标准制定、可持续发展战略深入协作,应对国内乃至全国性环境问题,既提升了河南在国内的影响力,又助力全国绿色经济发展。总体而言,绿色经济理论在河南的应用,有力推动省内经济绿色低碳转型,为全国乃至世界可持续发展提供支撑。经政策、技术、市场、社会意识及国际合作多方位协同推进,河南绿色经济成果显著,为实现可持续发展目标筑牢根基。

绿色经济理论在河南省煤炭行业转型中发挥了关键作用,尤其在推动产业转型和实现可持续发展方面,对河南"双碳"目标的实现至关重要。河南省煤炭行业如今面临着极为严峻的环境挑战,正加速向绿色技术与清洁生产模式过渡,旨在减少对生态环境产生的负面影响。通过实施先进的煤炭洗选和高效燃烧技术,河南省煤炭行业资源利用效率显著提高,污染物排放大幅减少。这些技术上的进步不仅提高了行业生产效率,还降低了对环境的压力,为河南省实现碳达峰打下了良好的基础。为了实现绿色转型,河南省煤炭企业需要加大对绿色技术的研发投入,开发煤炭清洁利用技术、碳捕获与封存技术(CCUS)等。在"双碳"目标下,梳理河南省煤炭企业现阶段绿色低碳转型所面临的挑战,基于企业内部环境探讨绿色低碳转型路径,包括发展洁净煤、CCUS等绿色高新技术。例如,南阳鸭河口电厂作为河南省西南部电网重要的能源基地,积极开展CCUS技术应用研究。电厂将所有废水处理达标后循环利用,实现了废水零排放,同时持续探索CCUS技术以助力企业绿色发展,这些技术的创新和应用将有助于降低河南省煤炭行业的碳排放,提高能源利用效率,推动产业转型。绿色经济理论促使河南省煤炭行业进行产业结构调整。河南省煤炭企业可以通过整合优势资源,优化能源供给,减少对传统煤炭产业的依赖,发展新兴的绿色产业。CCUS技术的应用不仅助力企业减排,还创造了新的商业机会。把捕集到的二氧化碳用于增强油气回收或者其他用途,提升企业提高资源循环利用的能力,有力地推动了河南省碳中和目标的实现。河南省政府通过严格的环保标准和绿色技术补贴,鼓励煤炭行业向低碳、环保方向发展。这些政策给企业提供了资金奖励和技术支持,助力企业稳步转型至可持续的生产模式,加快实现碳达峰碳中和的战略目标。河南省煤炭行业还需积极向可再生能源领域拓展,积极投资风能、太阳能这些项目,让能源结构变得更多元化。通过这样的战略调整,河南省煤炭企业不仅减少了对传统化石燃料的依赖,还在新兴能源市场找到了新的发展机会和竞争优势。这些措施不仅有助于减少对环境的负面影响,还为河南省煤炭行业的可持续发展提供了新的动力。总之,绿色经济理论的应用正引导河南省煤炭行业迈向更环保、可持续的发展方向,为实现河南省碳达峰碳中和目标提供了有力支撑。依靠技术创新、政策推动和市场调节,河南省煤炭行业正在为全国乃至全球能源转型和可持续发展做出重要贡献。

"双碳"目标下河南煤炭行业转型动因分析

　　"双碳"目标的提出,标志着我国能源结构与产业发展模式的深刻变革。河南省作为传统煤炭大省,行业转型不仅是应对全球气候变化的必然选择,更是破解资源环境约束、实现高质量发展的内在要求。在这一背景下,深入剖析河南省煤炭行业转型的动因,需从宏观产业现状、区域发展特征及政策导向等多维度展开,以全面把握转型的必要性与紧迫性。

第一节　中国煤炭行业发展现状

一、中国煤炭生产现状

　　根据自然资源部数据,中国煤炭资源在能源领域具有显著的地位,并展现出多维度的特征。在煤炭储量方面,2021年,中国探明的煤炭储量为2078.85亿吨;而2022年的煤炭储量为2070.12亿吨,与前一年相比几乎无变化。从地域分布方面,2022年山西省、内蒙古、新疆、陕西省的原煤生产量位居全国前列,这四个地区的原煤生产量合计占全国总产量的73.77%,如图3-1所示。总体而言,中国的煤炭资源分布不均,呈现出"西部多于东部、北部多于南部"的格局,主要集中于华北和西北地区,这两个地区的煤炭储量占比超过79%。值得注意的是,近十年来煤炭在能源生产中的比重正逐渐下降,已经减少了8个百分点,与此同时,天然气、一次电力以及其他可再生能源的生产占比表现出明显的增长趋势,如图3-2所示。关于能源生产领域,如图3-3所示,2022年度的一次能源生产总产量达到了46.6亿吨标准煤,相较于前一年增长了9.2%。在构成能源生产的各项比例中,煤炭占据主要地位,比例为67.4%,石油占比为6.3%,天然气紧随其后,占比5.9%,而对于非化石能源包括水电、核电、风电和太阳能发电等合计占比达到了20.4%。

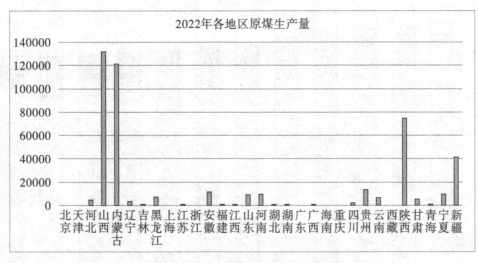

图 3-1　中国各地区原煤生产量(万吨)

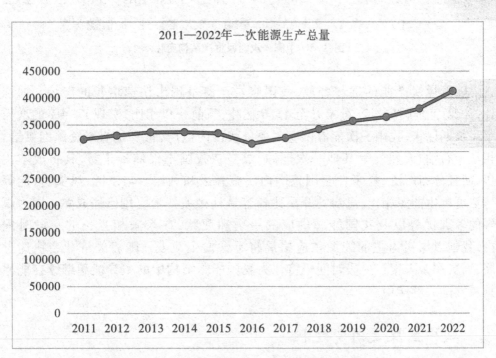

图 3-2　2011—2022 年中国一次能源生产总量(万吨)

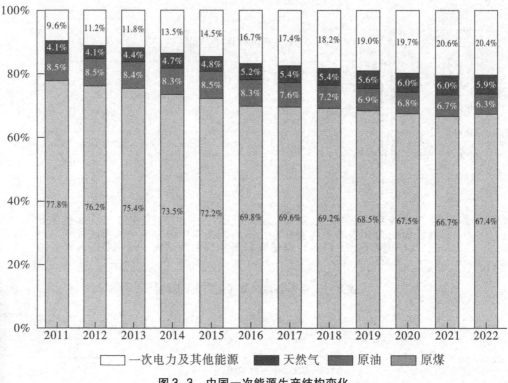

图 3-3 中国一次能源生产结构变化

　　随着煤炭产能的逐步释放,我国煤炭产量呈现出快速增长的态势。据统计,2022 年全国煤炭产量攀升至 45.6 亿吨,与前一年相比,实现 10.4% 的增长率。长期以来,我国一次能源供应主要依赖国内生产,特别是煤炭资源的供给。相较于石油、天然气等其他一次能源,煤炭在我国不仅储量丰富,具备成本优势,而且分布广泛,易于在全国范围内实施开采和利用。与水能、风能、核能等清洁可再生能源相比,煤炭的开采比较容易且相关技术应用已经成熟。因为煤炭的多重优势以及我国能源供应的历史和现状,在未来相当长的一段时间内,我国以煤炭为主的能源供应格局将不会发生改变。随着经济社会快速发展,煤炭在未来很长一段时间仍将作为我国能源结构中的主导能源继续在能源领域发挥关键作用。

二、中国煤炭消费现状

　　在当前时代背景下,随着中国经济的加速转型和经济结构的深化调整,污染防治工作也在稳步推进,这一系列措施促进了中国能源消费结构的持续优化。如图 3-4 所示,从能源消费占比来看,煤炭的比重呈现下降趋势,近十年下降了 11.2%。与此同时,各类能源的消费占比逐步发生变化,特别是天然气、一次电力及其他能源的消费比率呈现上升趋势。截至 2022 年,中国的能源消费总量已经达到 54.1 亿吨标准煤,相较于前一年增长 2.9%,能源自给率达到 86.1% 的高位。进一步对能源消费结构进行剖析,发现煤炭消费在一次能源消费总量中的占比为 56.2%,石油占比达到 17.9%,天然气占比为 8.4%,而对于非化石能源如水电、核电、风电、太阳能发电等合计占比为 17.5%。与十年前的数据相比,煤炭在能源消费结构中的比重下降了 12.3%,同时非化石能源比重显著提高了 7.8%。就煤炭产量与消费量而言,中国在 2022 年的煤炭产量实现了 45.6 亿吨的新高,与上一年度相比增长 10.5%。与此同时,该年度的煤炭消费量约为 44.4 亿吨,呈现出 4.3% 的增长趋势,如图 3-5 所示。值得注意的是,煤炭行业在中国人为甲烷气体排放量中占有较高比例,根据最新的国家温室气体清单数据,人为甲烷排放总量中有 38% 来自煤炭开采活动,其排放量高达约 2100 万吨。这一数据凸显了在煤炭行业内加快实施节能减排策略的迫切需求。

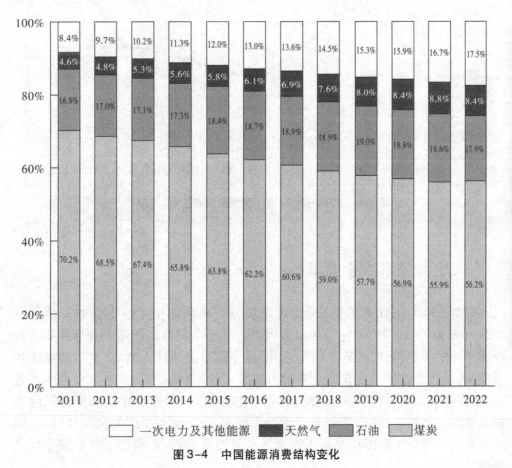

图 3-4　中国能源消费结构变化

煤炭作为我国的主体能源和重要原料,其生产与消费占比位居一次能源首位,是基于我国资源禀赋、开发条件、使用成本、运输储存等多因素综合作用的历史选择。我国煤炭占化石能源矿产资源已探明储量约95%，这种资源禀赋条件使得我国的基础能源在相当长的一段时期内仍然需要煤炭的有力支撑，煤炭仍是我国可清洁高效利用的最安全、最经济、最可靠的能源。特别是面对百年未有之大变局,在全球能源供需格局调整、清洁低碳转型加速等态势下,更要立足国情,统筹保障能源安全与优化能源结构的关系,坚持安全高效清洁低碳发展,实现能源系统平稳运行。

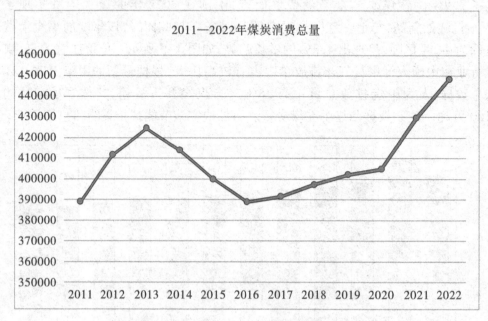

图3-5　2011—2022 年中国煤炭消费总量(万吨)

三、中国煤炭安全现状

煤炭价格的不同走势阶段,均对煤炭安全现状产生了显著影响。例如在2021年的高价格时期,非法开采风险因不法分子受利益驱使而上升导致煤炭资源无序开发与浪费,同时矿井坍塌、瓦斯爆炸等事故风险大增,严重威胁矿工生命安全;而且部分煤炭企业为追求高额利润,进行超强度开采,忽视安全生产标准,使得煤矿设备过度磨损、老化,故障概率增加,矿工劳动强度和安全风险也相应增大。此外,一些小型煤炭企业会将更多资金投入去扩大生产规模,而削减安全生产设施更新维护及矿工安全培训等方面的投入,降低了煤矿安全保障水平。

在低价格时期,如 2013—2016 年,煤炭企业经济效益不佳,面临亏损困境。此时,企业为降低成本,往往削减安全投入,包括减少安全设备购置与维护、降低安全培训费用等,直接影响煤矿安全生产条件,增加事故发生可能性。同时,企业经营困难还会导致矿工队伍不稳定,出现拖欠工资、减少福利等情况,使得人员流动频繁,新入职矿工未经充分安全培训即上岗作业,对井下安全风险认识不足、操作不熟练,进而增加了安全事故风险。而且,部分地方政府因考虑经济发展和税收等因素,可能放松对煤炭企业的安全监管力度,影响煤炭行业安全生产形势。

煤炭价格的大幅波动同样对煤炭安全产生影响。价格波动致使煤炭行业发展不稳定,企业经营压力和发展策略不断调整,导致安全管理制度和措施难以持续稳定落实,安全管理体系易出现漏洞和薄弱环节,给煤炭安全生产带来不确定性。此外,价格波动还影响煤炭供应链的稳定性,价格上涨时运输环节可能运力紧张,企业为保供应忽视运输安全;价格下跌时煤矿可能减产,复产时若安全措施不到位,也易引发安全事故。

在煤炭价格指数变化方面,2012—2015 年,价格指数从 96.20 逐年下降至 85.40,此阶段煤炭行业产能过剩,需求增长缓慢,致使价格走低。2016—2017 年,价格指数由 99.60 迅速攀升至 131.70,这是供给侧结构性改革与煤炭去产能政策使供需关系改善的结果。2018—2020 年,价格指数在 106.90、100.50 和 94.50 间波动且略有下降,宏观经济形势和能源替代因素影响了煤炭价格。2021—2022 年,价格指数从 114.50 大幅上升至 145.90,这是因为全球能源市场紧张和国内经济复苏带来的能源需求增长促使煤炭价格快速上涨,如图 3-6 所示。

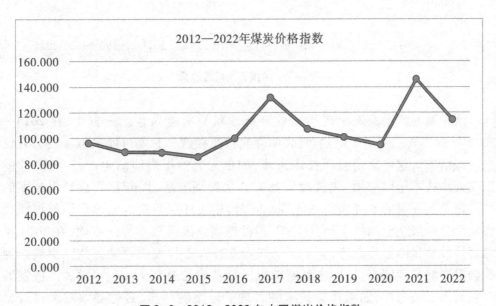

图 3-6　2012—2022 年中国煤炭价格指数

四、中国煤炭环保现状

中国近年来煤炭行业三废排放总量呈现出波动变化的态势,如图3-7所示,相较于2011年,2012年的数据呈现出明显增长,而到了2013年有所回落。2014—2015年出现显著的连续下降,这可能得益于当时环保政策的推行和技术革新。然而,2016年起排放总量再次回升,并且在2018—2020年持续处于高位且不断波动,2021年排放量依旧处于较高水平。这种变化反映出煤炭行业在环保工作上既有成效,如2014—2015年的减排成果,也面临诸多问题,例如2016年后排放量的大幅回升表明在煤炭需求增加时,环保措施难以有效应对。

图3-7 中国三废排放总量

这一系列数据反映出煤炭行业环保现状具有复杂性。一方面,在2014—2015年的排放总量呈下降趋势,表明煤炭行业在这一时期可能采取了较为有效的环保措施。这可能得益于技术进步,如更先进的煤炭清洁生产技术、高效的三废处理技术得以应用,包括改进的矿井水处理方法、煤矸石综合利用技术的推广以及更完善的废气净化系统等。同时,相关环保政策的监管和引导可能也促使部分煤炭企业加强了环保工作,积极控制三废排放。另一方面,在2016年之后排放总量的上升趋势,显示了煤炭行业环保工作面临严峻挑战。煤炭作为我国重要的基础能源,短期内其需求难以被其他能源完全替代。随着经济发展对煤炭需求的增加,如果环保技术和管理措施不能同步,必然导致三废排放总量的上升。此外,部分煤炭企业可能存在环保意识不足、环保设施运行成本高而导致设备闲置或运行不正常、环保技术改造难度大等问题,这些都导致了三废排放难以得到有效控制。

总之,中国煤炭行业在环保方面虽然取得了一定进步,但实现全面绿色环保生产还有一段路要走。因此,需要进一步加大对环保技术研发投入力度,强化环保政策执行力度并且加强对煤炭企业环保工作的监管进而引导企业从生产源头到末端处理全方位重视环保,促进煤炭行业与环境的和谐共存,推动其实现可持续发展。

五、中国煤炭创新现状

煤炭作为中国重要的能源资源之一,其清洁高效利用专利数表明了中国在煤炭创新方面取得了一定的成就。在2011—2021年间,我国煤炭清洁高效利用专利数呈现出总体上升的趋势。2011年的煤炭清洁高效利用专利数为888项,而到了2022年的煤炭清洁高效利用专利数已经增长到3551项。这种增长趋势表明在过去的十年间,煤炭行业在清洁高效利用方面的创新活跃度在不断提升。在这一期间该专利数量逐年递增,尤其是在2016—2017年以及2020—2022年期间增长幅度较为显著,如图3-8所示。这反映出煤炭行业的创新驱动力逐渐加强。但是,随着国家对环境保护和节能减排要求的不断提高,煤炭行业面临着巨大的环保压力。这种外部压力促使企业和科研机构加大对煤炭清洁高效利用技术研发的投入,通过技术创新来减少煤炭利用过程中的污染物排放来提高能源利用效率以满足日益严格的环保法规,进而为煤炭行业的创新提供了内在动力。

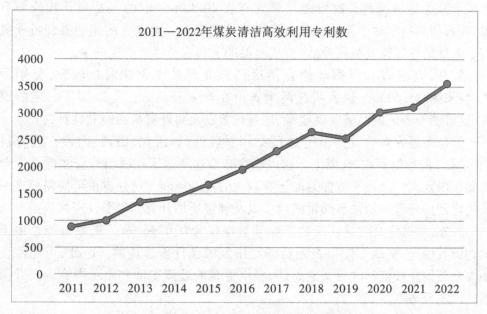

图 3-8　2011—2022 年煤炭清洁高效利用专利数

煤炭清洁高效利用的专利不仅提高了煤炭产业的竞争力,也推动了煤炭向清洁、高效、低碳方面发展。专利数量的增加意味着在煤炭的洗选加工、清洁燃烧、煤炭转化等多个环节都有技术创新。例如在煤炭转化方面可能出现了更多先进的煤气化、液化技术能够提高煤炭的利用效率并减少污染物排放。而在清洁燃烧方面可能会有更高效的锅炉技术和燃烧控制技术被研发出来。

然而值得注意的是尽管在煤炭创新方面取得了一定的进步,但煤炭行业在清洁高效利用方面仍面临诸多挑战。一方面,随着环保要求的日益严格,对煤炭清洁利用技术的要求也在不断提高;另一方面,新能源技术的快速发展也给传统煤炭行业带来了一定的竞争压力。因此,虽然当前煤炭行业在清洁高效利用方面的创新成果显著,但是仍然需要持续加大研发投入和不断提高技术水平进而适应能源转型和环保的要求。

六、中国煤炭产业开放度现状

产业开放度是衡量一个地区或国家在经济活动中对外部资本、技术、产品和服务开放程度的指标。它反映了一个地区或国家在全球化背景下,其产业与国际市场融合的深度和广度。本书中产业开放度指标用外省调入量/原煤产量来衡量。根据2021年各省份产业开放度数据可以得出,如图3-9所示,湖北省的产业开放度显著高于其他省份,达到了357.3207,这一数值远远超出了其他省份的平均水平。由于近几年湖北省原煤产量的不断下降,其产业开放度的数值相较于其他省份偏高。这可能与湖北省在2021年采取的一系列开放政策有关,或者与其特定的产业结构和经济发展策略有关。湖北省的这一表现可能吸引了大量的外部投资和商业活动,从而促进了当地经济的快速发展。

此外,湖南省和广西壮族自治区的产业开放度也相对比较高,分别为10.4408和21.6333。这表明这两个省份在产业开放方面也取得了一定的成就,这可能与当地的经济发展政策、地理位置以及对外贸易的便利性有关。

但是大部分省份的产业开放度都相对较低,如河北、山西、内蒙古等省份(自治区)的数值都在10以下。这可能意味着这些地区在吸引外资和促进产业多元化以及提高经济开放性方面还有较大的提升空间。这些省份可能需要进一步优化营商环境和加强基础设施建设以及制定更加开放和吸引外资的政策。

另外,值得注意的是新疆的产业开放度仅为0.0296,这一现象可能是由于地理位置偏远、交通不便以及独特的经济发展条件所造成的。因此,可能需要加大基础设施投资和改善交通条件,提供更多的政策支持和激励措施来提升新疆的产业开放度。

产业开放度的提高通常与经济增长、就业增加、技术进步和产业升级等正面效应相关联。然而过度的开放也可能带来风险,如产业空心化、就业流失、环境压力增大等。合理平衡产业开放度和制定适宜的产业政策对于促进经济的可持续发展至关重要。总体而言,2021年各省份的产业开放度呈现出明显的地域差异,这不仅反映了各地区经济发展水平和政策导向的不同,也展现了未来各地区在提升产业开放度方面的潜在方向和策略。通过分析这些数据,可以为各省份制定更加精准的经济发展战略提供参考。

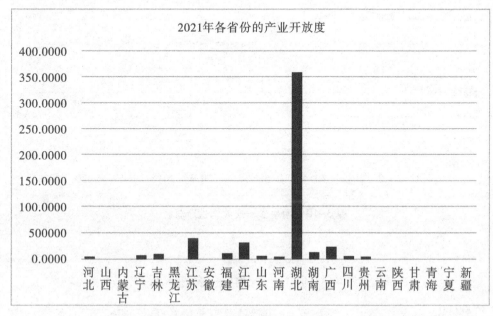

图3-9　各省份的产业开放度

第二节　河南省煤炭行业发展现状

一、河南省煤炭生产现状

根据2011—2021年河南省一次能源生产总量和原煤生产总量可以得出,如图3-10和3-11所示,2011年河南省一次能源生产总量为15 786万吨,原煤生产总量为14 412.62万吨;到2021年,一次能源生产总量降至9749万吨,下降幅度约为38%,而原煤生产总量更是大幅下滑至7136.27万吨,下降幅度超过50%。整体而言,这一时期内原煤生产总量呈明显下降趋势,反映出河南省能源结构的调整和煤炭产业的转型。

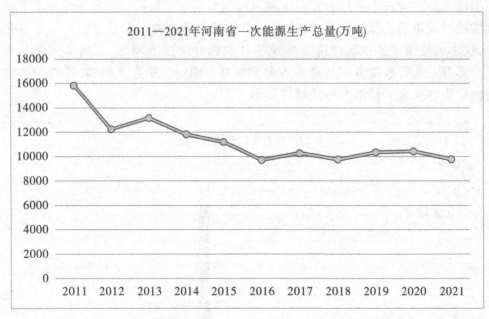

图3-10　河南省一次能源生产总量

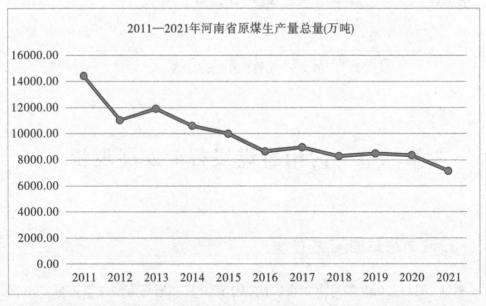

图3-11　2011—2021年河南省原煤生产总量

　　首先,原煤生产量的显著下降可能与国家能源政策的调整密切相关。近年来,中国政府在环境保护和可持续发展方面加大了政策力度,推动能源结构的优化和升级。河南省作为传统的煤炭大省,受到了这些政策的直接影响。为了减少环境污染和碳排放,政府实施了严格的煤炭产能控制措施,关闭了大量小型和低效的煤矿,这直接导致了原煤生产量的下降。

其次,从资源层面来看,河南省煤炭资源经过长时间高强度的开采,部分矿区资源储量逐渐减少,开采深度不断增加,地质条件愈发复杂,瓦斯爆炸、水害等灾害威胁加大。这不仅大幅提高了开采成本,还增加了安全风险,导致一些煤矿企业不得不降低开采强度,甚至关闭部分矿井,直接影响了原煤的生产总量。

再次,能源生产总量的下降也反映了河南省能源结构的多元化趋势。随着可再生能源和清洁能源的快速发展,河南省逐步减少了对煤炭的依赖,增加了天然气、风能、太阳能等清洁能源的比重。这种结构调整不仅符合国家的能源战略,也有助于改善河南省的环境质量。

最后,经济结构的转型也是影响煤炭生产的重要因素。随着河南省经济从传统的重工业向高新技术产业和服务业转型,对能源的需求结构也发生了变化。高耗能产业的减少降低了对煤炭的需求,从而影响了煤炭的生产量。

因此,河南省煤炭生产的下降趋势是多种因素共同作用的结果,包括国家政策的调整、资源层面的减少、能源结构的多元化以及经济结构转型的影响。未来,随着能源结构的进一步优化和清洁能源的推广,河南省的煤炭生产可能会继续保持在较低水平,同时能源生产将更加注重环保和可持续性。

二、河南省煤炭消费现状

能源消费结构与一个地区的经济发展模式、生态环境保护以及可持续发展能力密切相关。煤炭作为传统的主要能源之一,在地区能源供应中曾长期占据重要地位。河南省作为我国的重要经济省份和能源消费大省,其煤炭消费情况对于研究地区能源转型和经济发展有着重要意义,不仅反映了区域经济发展的特点,也体现了国家能源政策和环保要求的落实。通过对能源消费总量和煤炭消费总量的对比分析,能够清晰地洞察河南省煤炭消费的现状及发展趋势。

从能源消费总量的变化轨迹来看,河南省的能源消费在这十年间呈现出波动上升的趋势,如图 3-12 所示。2011 年,河南省的能源消费总量为 20 462 万吨,到 2021 年增长至 23 501 万吨,整体增长了约 14.8%。这与当时河南省积极推进工业化和城镇化进程,各产业对能源的需求不断加大相契合。然而,煤炭消费总量的变化趋势则有所不同,如图 3-13 所示。2011 年,河南省的煤炭消费总量为 16 696.99 万吨,到 2021 年下降至 14 876.13 万吨,整体下降了约 10.9%。这一下降趋势表明,尽管能源消费总量在增加,但煤炭在能源结构中的比重正在逐渐减少。这一显著变化主要缘于国家对能源结构优化、环境保护的高度重视,以及河南省积极响应相关政策,大力推动清洁能源的开发利用,逐步降低对煤炭的依赖程度。

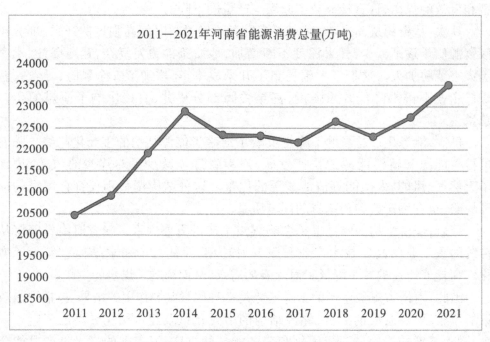

图 3-12　2011—2021 年河南省能源消费总量（万吨）

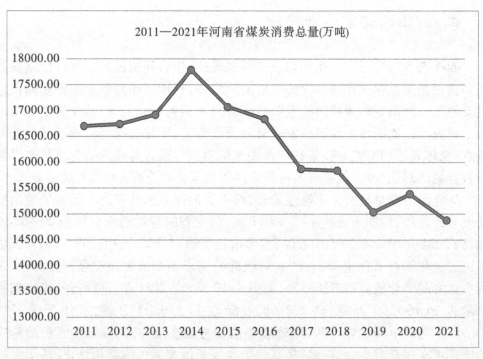

图 3-13　2011—2021 年河南省煤炭消费总量（万吨）

「双碳」目标下河南煤炭行业转型的机制与路径研究

具体来看,2011—2014年,煤炭消费总量呈现上升趋势,从16 696.99万吨增长至17 785.53万吨。然而,自2015年起,煤炭消费总量开始逐年下降,尤其是在2017—2021年期间,下降趋势更为明显。这一变化可能与国家及地方政府对煤炭消费的限制政策、环保要求的提高以及清洁能源的推广有关。此外,煤炭消费总量的下降也反映了河南省在能源消费结构优化方面的努力。随着清洁能源技术的进步和政策的支持,天然气、水电、风电等清洁能源的使用比例逐渐增加,减少了对煤炭的依赖。这不仅有助于降低环境污染,还能提高能源利用效率,促进可持续发展。

　　尽管煤炭消费总量在持续减少,但从能源消费结构的占比角度分析,煤炭在这11年间始终在河南省能源消费中占据较大份额。这反映出河南省的能源结构调整虽然已经取得一定成效,煤炭消费比重下降,但煤炭在能源体系中的基础性地位仍然难以在短期内被完全替代,能源结构优化的任务依然艰巨。未来,河南省需要在继续推进能源结构调整的同时,注重能源供应的稳定性和可靠性,平衡好经济发展与能源转型的关系。一方面,要进一步加大对清洁能源的开发和利用力度,逐步降低煤炭在能源消费中的占比。另一方面,也要不断提高煤炭清洁高效利用技术水平,以减少煤炭消费对环境的负面影响,实现经济、能源与环境的协调可持续发展。

三、河南省煤炭安全现状

　　煤炭作为河南省重要的基础能源资源,其价格波动与地区能源安全紧密相连,同时也反映出煤炭市场的供需关系以及煤炭行业的安全状况和稳定性。河南省作为煤炭生产与消费的关键区域,通过分析近些年煤炭工业品出厂价格指数增长率的数据,能够深入洞察河南省煤炭安全面临的现状。

　　从近十年间的数据变化来看,煤炭工业品出厂价格指数增长率波动显著,如图3-14所示。2012—2015年,增长率持续为负,且负增长幅度不断扩大,从-4.1逐步降至-16.9。这一阶段,煤炭市场呈现出供大于求的严峻局面。一方面,国内煤炭产能扩张速度较快,产量不断攀升;另一方面,经济结构调整以及清洁能源的蓬勃发展,使得煤炭需求增长的步伐放缓。在此情形下,煤炭企业承受着巨大的经营压力,为维持运营,可能会削减产能、减少投资,这不仅对煤炭的稳定供应构成潜在的威胁,也不利于地区煤炭安全的保障。而且,价格的持续下跌还对企业的盈利能力造成冲击,进而可能影响到安全生产投入,增加煤炭安全风险。

　　2016年,煤炭工业品出厂价格指数增长率实现了由负转正的转变,达到0.9,随后在2017年大幅上升至40.9,2018年也保持在12的较高水平。这一转变主要得益于国家大力推进煤炭行业供给侧结构性改革,去产能政策的有效实施减少了煤炭的过剩产能,促使市场供需关系得到显著改善,煤炭价格迅速回升。价格的合理回归让煤炭企业的盈利能力得以恢复,投资和生产积极性提高,不仅在一定程度上保障了煤炭的供应安全,还有助于企业增加安全生产投入,提升安全管理水平,改善煤炭安全状况。

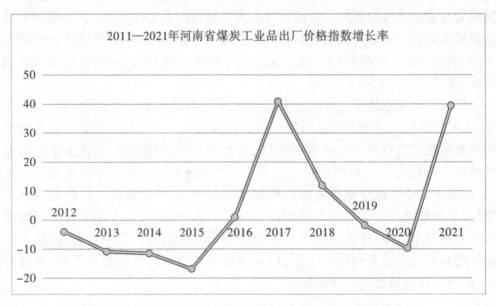

图3-14 2011—2021年河南省煤炭工业品出厂价格指数增长率

2019—2020年,煤炭工业品出厂价格指数增长率再次出现较大幅度的负增长,分别为-1.9和-9.7。尽管此前煤炭行业去产能取得了阶段性成果,但新能源的快速发展以及经济形势的复杂变化,使得煤炭市场需求增长面临不确定性,煤炭价格再次承受下行压力。价格下跌再次给煤炭企业的经营状况带来压力,可能影响到安全生产的持续投入,导致煤炭安全风险回升。

2021年,增长率大幅回升至39.5,煤炭市场强劲复苏。这一增长可能与全球经济复苏、能源需求增加以及国内能源政策的调整等多种因素相关。价格的回升为煤炭企业提供了更多资源,使其能够加强安全生产管理,提升安全技术水平,进而改善煤炭安全状况。

总体而言,2012—2021年河南省煤炭工业品出厂价格指数增长率波动剧烈,这清晰地反映出河南省煤炭安全面临着复杂的局面。价格的不稳定表明煤炭市场供需关系处于不断调整之中,煤炭企业的生产经营也受到较大影响。在保障煤炭安全方面,河南省既要继续推进煤炭行业的供给侧结构性改革,优化市场供需关系,确保煤炭价格的稳定,又要加强煤炭市场的监测与调控,合理规划煤炭产能,提高煤炭生产的稳定性;同时,还需加快能源结构调整的步伐,降低对煤炭的过度依赖,增强地区能源安全的韧性,以有效应对煤炭价格波动带来的各种挑战,为煤炭行业的可持续发展筑牢基础。

四、河南省煤炭环保现状

在当今全球高度重视环境保护与可持续发展的大背景下,煤炭行业作为能源领域的重要组成部分,其环保状况不仅关系到生态环境质量,也影响着地区的可持续发展进程。河南省作为煤炭生产和消费的重要省份,煤炭行业的三废(废水、废气、废渣)排放情况是衡量煤炭行业环境影响的重要指标,其变化趋势不仅反映了煤炭生产过程中对环境的压力,也体现了环保政策的实施效果和行业技术进步的程度。通过对三废排放总量的分析,可以更好地理解河南省在煤炭环保方面的进展和挑战。

2012年河南省煤炭行业三废排放总量为3206.96万吨,相较于2011年有所上升,这或许反映出当时煤炭行业的生产活动规模扩大,或者是环保处理技术与措施尚未能及时跟上发展步伐,导致三废产生量增多。然而,从2013年开始,排放总量呈现出下降趋势,到2015年降至2061.18万吨,2016年进一步降至1756.04万吨,2017年为1689.7万吨,这一变化与国家及地方政府加强环保监管、实施严格的环保政策密切相关,如图3-15所示。特别是2015年新《环境保护法》的实施,对煤炭行业的环保要求提出了更高标准,推动了企业加大环保投入,改进生产工艺,减少污染物排放。此外,煤炭行业供给侧结构性改革的推进,通过淘汰落后产能、优化生产结构,也有效降低了三废排放总量。

图3-15　2011—2021年河南省三废排放总量(万吨)

不过,在2018年,三废排放总量又出现了回升,达到2148.29万吨,这可能是由于煤炭行业生产规模的再次扩张,或者是新的生产技术应用过程中环保配套措施未能同步完善等原因导致。好在随后的 2019 年排放总量稍有回落至 2071.85 万吨。而到了 2020 年,三废排放总量大幅下降至 1232.35 万吨,2021 年继续下降至 1205.16 万吨,这显示出河南省在煤炭行业环保方面持续发力,可能进一步强化了环保政策的实施,推动企业采用更先进的清洁生产技术和高效的三废处理工艺,从而使得三废排放得到更为严格的控制。

总体而言,在此期间内河南省煤炭行业三废排放总量呈现出波动下降的态势,这充分体现了河南省在煤炭环保工作上付出的努力和取得的显著成效。但其中排放总量的波动也表明,煤炭环保工作依然面临着诸多挑战,如生产规模变化、技术更新与环保措施的匹配等问题。未来,河南省仍需持续加强对煤炭行业的环保监管,鼓励企业加大环保投入,不断提升清洁生产水平和三废处理能力,确保煤炭行业在保障能源供应的同时,最大限度地减少对环境的负面影响,实现煤炭产业与生态环境的和谐共生。

五、河南省煤炭创新现状

在全球积极推进能源转型以及对环境保护高度关注的大环境下,煤炭行业的清洁高效利用成为了可持续发展的关键议题。专利数量作为衡量一个行业创新能力和技术发展水平的重要指标,可以直观地反映出煤炭行业在清洁高效利用方面的创新动态。通过对河南省 2011—2021 年煤炭清洁高效利用专利数的分析,如图 3-16 所示,我们可以较为全面地了解该行业当今的创新现状。

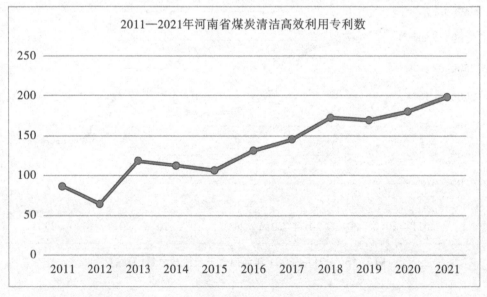

图 3-16 2011—2021 年河南省煤炭清洁高效利用专利数

从整体趋势来看，尽管在 2012 年专利数量相较于 2011 年有所下降，从 86 项降至 64 项，但自 2013 年起，煤炭清洁高效利用专利数呈现出总体上升的态势。2013 年专利数为 118 项，随后在波动中持续增长，到 2021 年已达到 198 项。这一趋势表明，随着时间的推移，河南省煤炭行业对清洁高效利用技术的研发投入在不断加大，行业内的创新意识逐渐增强，众多企业、科研机构和高校等创新主体积极投身于相关技术的研究与开发，致力于提升煤炭资源的利用效率和降低其对环境的负面影响。

然而，在这增长的过程中，专利数量并非一直保持平稳上升，而是存在着一定的波动。例如，2014—2015 年，专利数从 112 项降至 106 项；2019 年较 2018 年的 172 项也有所减少，为 169 项。这种波动反映出煤炭行业的创新过程面临着诸多挑战和不确定性。一方面，煤炭市场的供需关系、价格波动以及宏观经济形势等因素，会对企业的创新投入产生影响。当市场环境不佳时，企业可能会削减研发经费，从而导致专利产出减少。另一方面，煤炭清洁高效利用技术的研发本身具有一定的复杂性和难度，从基础研究到应用开发再到成果转化，需要克服许多技术难题，这也可能导致创新成果的产出在时间上存在不均衡性。

从专利数量的增长来看，近年来增长速度相对较为稳定，这说明河南省煤炭行业在清洁高效利用领域已经逐渐形成了较为稳定的创新体系和研发力量。众多创新主体在长期的研发实践中积累了丰富的经验，掌握了一系列关键技术，并且能够持续地将创新成果以专利的形式进行保护。这些专利涵盖了煤炭的洗选、燃烧、转化以及污染物治理等多个环节，为煤炭行业实现清洁高效发展提供了有力的技术支撑。

此外，不断增加的专利数量也反映出行业内的创新生态正在逐步完善。政府部门通过出台相关政策，鼓励企业加大研发投入，推动产学研合作，为煤炭清洁高效利用技术的创新提供了良好的政策环境。高校和科研机构充分发挥其科研优势，开展前沿技术研究，为行业输送了大量的创新人才和科研成果。企业则积极将科研成果转化为实际生产力，通过技术创新提升自身的市场竞争力。

总体而言，河南省煤炭行业在清洁高效利用方面呈现出积极的创新态势，创新能力不断提升，创新体系逐渐完善。但同时也面临着创新稳定性不足、技术研发难度大等挑战。未来，需要进一步加强政策引导，优化创新资源配置，深化产学研合作，持续提升煤炭行业的创新能力，推动煤炭行业向更加清洁、高效、可持续的方向发展。

六、河南省煤炭产业开放度现状

在经济全球化与区域经济合作日益紧密的当下，产业开放度成为衡量一个产业发展活力与潜力的重要指标。对于河南省煤炭产业而言,其产业开放度不仅关乎自身在国内外市场中的竞争地位,也对区域经济的可持续发展产生着深远影响。通过对河南省煤炭行业产业开放度数据的分析,能够全面且精准地把握该产业在开放进程中的现状。

2011—2021年间,河南省煤炭行业产业开放度经历了较为明显的起伏变化,如图3-17所示。起初,在2011年,产业开放度处于一定水平,标志着煤炭产业已初步融入外部市场,在资源流通、贸易往来等方面有了一定的参与度。然而,随后的2012年出现了显著下滑,这可能与当时复杂的市场环境以及产业自身的调整有关。但自2013年起,产业开放度开始逐步回升,并在后续几年呈现出波动增长的态势。尤其是在2016年之后,产业开放度增长较为迅速,到2021年达到了较高水平。

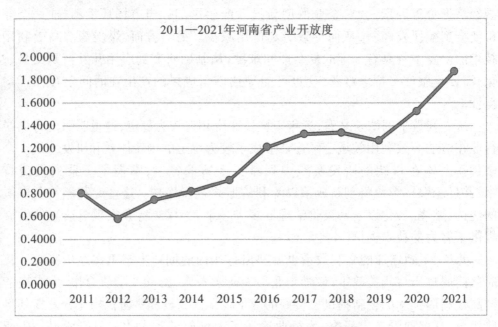

图3-17 2011—2021年河南省产业开放度

这种增长趋势表明,河南省煤炭产业近年来积极顺应经济全球化和国内产业转型的趋势,不断加大开放力度。一方面,在"引进来"方面,通过与国内外先进企业合作,引进先进的煤炭开采、清洁利用技术以及管理经验,提升了产业的技术水平和运营效率。另一方面,在"走出去"方面,积极拓展国际市场,参与国际煤炭贸易和相关产业合作,提高了产品和服务的国际市场份额。

现如今,河南省煤炭产业开放度处于较高水平,意味着其在资源配置上能够在更广阔的范围内进行优化,利用国内外两个市场、两种资源来提升产业竞争力。同时,也反映出产业与外部的联系日益紧密,在技术创新、人才交流、资本运作等方面有了更多的合作机会,为产业的升级和可持续发展注入了动力。

然而,观察发现,尽管整体呈增长趋势,但产业开放度在部分年份仍有波动,这说明在开放过程中,产业面临着诸多不确定因素,如国际市场的价格波动、贸易政策的调整以及国内产业政策的变化等。这些因素可能会对煤炭产业的开放进程和发展稳定性产生影响。

总之,河南省煤炭产业开放度现状呈现出积极发展但仍需不断完善的特点。未来,河南省煤炭产业应继续坚持开放发展战略,在巩固现有开放成果的基础上,积极应对各种挑战,进一步深化与国内外市场的合作,提升产业开放的质量和水平,以实现产业的高质量、可持续发展。

第三节　河南省煤炭行业发展面临的问题

当前,河南省正处于生态文明建设的关键时期,面临着多重的压力和挑战。生态环境保护领域存在的结构性、深层次及趋势性问题尚未得到根本缓解,国家对生态环境保护和节能减排工作要求持续提升,相关标准也日益严格。因此,河南省煤炭行业在推进绿色低碳转型的过程中面临多重挑战,具体情形如下。

一、产业布局不合理

河南省的煤炭行业作为我国能源结构的重要组成部分,目前存在结构性不平衡的问题。具体而言在企业规模结构上,小煤矿虽然数量众多,但技术装备落后、生产效率低下,不仅影响了煤炭行业的整体竞争力,还可能导致资源的浪费和环境的污染。然而与众多小煤矿形成鲜明对比的是,大型煤矿的供给能力相对不足,尽管近年来煤炭行业在推进大型化、集团化发展方面取得了一定的进展,但与世界先进产煤国家相比,河南省大型煤矿的产量和集中度仍有较大的提升空间。

河南省煤炭行业还面临区域发展不平衡的困境。具体而言,我国的煤炭资源主要分布在北方地区,而河南作为煤炭生产与消费大省,其资源分布与省内消费地并不匹配。这导致了煤炭由北向南、由西向东的运输模式,不仅增加了运输成本和能耗,也加剧了区域间的煤炭行业发展差异。不同地区的煤炭产业发展水平存在显著差异,一些地区虽然煤炭资源丰富,但开发程度较低且产业链不完善;而另一些地区则煤炭资源相对匮乏,但煤炭产业却相对发达,这主要得益于其良好的产业基础和区位优势。

除此之外,河南省煤炭行业与新能源产业的衔接不足也是当前面临的问题之一。尽管新能源产业在全球范围内蓬勃发展,但河南省煤炭行业的转型升级步伐相对缓慢,并且与新能源产业的衔接尚不充分。这不仅限制了河南省煤炭行业的可持续发展,也影响了能源结构的优化和能源安全的战略布局。

所以河南省煤炭行业的结构性不平衡问题需要通过技术创新、产业升级和区域协调发展等措施解决。实现这一目标,不仅需要政府的政策引导和扶持,还需要行业内企业的积极响应和全省各界的通力合作。通过改良煤炭行业的结构布局,提升生产效率和资源利用率,并减轻环境污染,进而推进煤炭行业与新能源产业的顺畅对接,这对于促进河南省能源结构的优化调整和可持续发展具有重要意义。

二、生态环保压力较大

河南省煤炭资源的开采和利用,尽管为全省经济的进步提供了不可或缺的能源支持,然而其对生态环境的潜在影响不容忽视。矿井废水、洗煤废水以及煤矸石淋溶水等工业排放中含有的大量有害物质,对矿区邻近的地表水体造成了严重污染,进而威胁到了水生生态系统的存续环境。这些废水中的重金属和有机污染物,通过采矿活动和自然渗入,进一步污染了地下水体,不仅影响了地下水资源的可持续利用,也对依赖这些水资源的社区和生态系统造成了潜在风险,进而影响了水生生物的生存和繁衍。这些污染物的长期积累,对水体生态系统的健康造成了不可逆转的损害。

煤炭开采过程中产生的煤矸石等固体废弃物,它们被随意堆放在地表,不仅占用了大量土地资源,还破坏了地表植被,影响了土地的可持续利用,并且煤矸石中所含的有害物质通过渗漏作用进入土壤,导致土壤质量下降进而影响农作物的生长和食品安全。此外,煤矸石堆会在风力作用下产生粉尘和废气,它们不仅会对周边环境造成空气污染,还会影响空气质量和公众健康。

煤炭开采和加工过程中产生的粉尘和有害气体,如二氧化硫、氮氧化物等,对空气质量也造成了严重影响,增加了大气中的污染物含量,这些有害气体的排放不仅降低了空气质量,对人类健康也构成了直接威胁,可能会引发呼吸系统疾病以及其他多种健康问题。这些有害气体的排放还可能导致酸雨等环境问题,进一步破坏生态平衡。因此,煤炭开采和加工过程中的环境管理具有非常重要的作用。

此外,省内一些煤炭企业清洁生产水平不高,洗选设施落后,导致煤炭产品质量不稳定,进而无法满足市场对于高品质煤炭的需求。同时,由于节能降耗措施不足导致这些企业的生产能耗较高,进一步加剧了环境污染问题。煤炭开采对生态环境的破坏问题严峻,这不仅破坏了当地生态系统的平衡,也对人类健康和可持续发展构成了威胁。因此,采取有效措施减少煤炭开采对环境的影响,积极推动煤炭行业的绿色转型是实现环境可持续和保障人类健康的必由之路。

三、能源利用效率较低

煤炭行业作为我国能源生产的重要支柱,同时也是国家确定的九大重点高耗能行业之一。但当前河南省能源利用效率较低,在国家碳达峰碳中和目标的引领下,能源保障与能耗双控之间的矛盾日益显著。在实现"双碳"目标的过程中,工作重心在于环境的可持续发展,同时能源安全保障工作则聚焦于确保国家稳定发展所需的能源供给基础。在资源有限性条件的制约下,两者很难同时达到最优目标。

为了保证"双碳"目标如期达成,迫切需要调整以煤炭为主导的能源消费构成,但是对煤炭的清洁利用与替代方案的实施可能会对能源供给的稳定性带来挑战,因为这一过程需要大量的资金、技术与时间投入。在推进"双碳"目标的过程中,一方面,需要严格控制新增煤电项目,有序淘汰煤电落后产能以减少碳排放。另一方面,需要确保能源供应的稳定性和安全性,以满足经济社会发展的需求,这两者之间存在明显的矛盾。

为了化解这一矛盾,河南省出台了一系列政策文件,对节能"双控"提出了新的明确要求。在相关政策文件的指引下,新增煤电、煤化工项目建设明显放缓。一方面,有助于减少碳排放和推动能源结构的优化;另一方面,也给能源保供带来了一定的挑战。特别是针对那些高度依赖煤炭资源的地区及行业来说,替换并更新现有的落后煤电项目将面临诸多挑战与困难。

此外,河南省煤炭行业在节能减排方面仍面临着许多的短板。一些煤电企业因发电机组容量较小和技术落后而导致发电煤耗较高,再加上存在产能过剩和生产工艺落后等问题,造成了能源利用效率低下并进一步增加了碳排放的总量。同时多数煤炭企业缺乏完善的节能减排设备、未安装能源计量的工具,难以有效实现煤炭行业的节能减排监测,这对实现能耗"双控"的目标造成了巨大障碍。

在这一背景下,河南省煤炭行业的转型升级极其重要。首先,煤炭行业需要通过技术创新和产业升级,来加大对煤炭清洁利用技术的研发和推广力度,进而提高煤炭行业的能源利用效率、减少环境污染和碳排放。同时河南省煤炭行业需要推动此行业与新能源产业的有效衔接,促进能源结构的优化升级。其次,煤炭行业需要加强节能减排监测工作,确保能耗"双控"要求的有效落实。最后,煤炭行业需要通过政府的政策引导和支持,鼓励企业进行技术改造和产业升级,同时还需要行业内企业的积极作为和社会各界的共同努力。

总之,达成"双碳"目标不仅要求煤炭行业的转型升级,节能减排工作也占据举足轻重的地位,它是确保河南省能源安全及促进经济社会可持续发展的重要条件。因此在政府、企业和全省各界的协同努力下,河南省煤炭行业在推进"双碳"目标的实现过程中无疑扮演着至关重要的角色。

四、低碳技术创新不足

河南省煤炭行业的低碳技术创新不足,已成为制约其可持续发展及国家碳排放减少的关键因素,同时也影响了能源结构的优化进程。河南省在低碳技术的战略储备方面存在不足,特别是在低碳技术的早期应用阶段,市场需求不足、政策支持力度较弱以及评估体系不完善等问题尤为突出。这些因素共同作用下,导致低碳技术的市场接受度不高,难以实现规模化应用。

即便对于那些已经相对成熟的低碳技术而言,它们在推广过程中仍面临"中端技术锁定"的困境,自主创新能力需要进一步提升,配套体系尚不健全。目前,许多低碳技术仍处于示范阶段,面临着资源配置不足、协同合作乏力以及技术转移困难等问题。这些问题限制了技术的进一步升级和优化,使得河南省煤炭行业在减碳、零碳及负碳技术的应用上进展缓慢。

在低碳技术的多个领域中,以煤炭分级液化成套技术和绿氢替代煤等为代表的低碳技术,仍需进一步的研发和推广。同时,碳捕集、利用和封存(CCUS)等负碳技术与生产的耦合工艺尚未成熟,且技术成本较高。以碳捕集工程为例,包括碳捕集和封存(CCS)、碳捕集和利用(CCU)以及CCUS等技术,它们不仅需要较大的初期投资和高昂的运行费用,而且存在高能耗、高风险等问题。具体来说,CCUS技术的单位发电能耗增加了14%～25%,各环节成本较高,这使得其难以大规模实际应用。此外,封存的二氧化碳存在泄漏风险,进一步增加了技术的风险成本。

低碳技术的创新研发与推广应用是一项长期而艰巨的任务。在河南省煤炭行业,这一任务尤为紧迫,因为该行业长期以来一直是国家能源供应的支柱。随着全球对气候变化问题的关注日益增加,河南省煤炭行业的低碳转型成为全省的共同期待。然而,由于低碳技术的复杂性和成本问题,这一转型进程并非一帆风顺。

因此,推动煤炭行业向低碳模式转变,既要求技术创新作为驱动力,也离不开整个产业链条上的协同并进。低碳技术的研发创新与广泛实施是一项持久且复杂的使命。为了加速煤炭行业的低碳转型进程,政府、企业及研究机构需携手并进,加大研发投入力度和优化政策扶持框架。与此同时,河南省煤炭产业应重视技术创新与产业链协同发展的结合,拓宽国际合作路径,积极引进并吸收国际先进低碳技术,提升河南省在低碳技术领域的自主研发与创新能力。通过这些综合举措的逐步落实,可以有效应对当前挑战,引领河南省煤炭行业朝向低碳、环保、高效的新方向迈进,为积极响应并全力支持国家推进"碳达峰、碳中和"战略目标的实现贡献力量。

第四节　煤炭行业转型的必要性

一、"双碳"目标的客观要求

"双碳"目标,即碳达峰碳中和目标,是中国响应全球气候变化挑战、推进绿色低碳发展的重要战略决策。这一目标的提出,对河南省煤炭行业产生了深刻影响,既带来了前所未有的挑战,又提供了转型发展的新机遇。

"双碳"目标的核心是减少温室气体排放,特别是减少二氧化碳的排放。这就要求河南省煤炭行业必须采取切实有效的措施,降低煤炭在开采、加工、利用等各个环节的碳排放,进而实现减排目标。而当前河南省的能源结构依然以煤炭为主,且经济结构还不合理,工业化和新型城镇化进程仍在持续推进。在这一背景下,经济发展和民生福祉的提升任务依然艰巨,并且能源消费需求预计将维持稳健增长趋势。然而"双碳"目标要求逐步降低煤炭在能源消费中的比重,并增加清洁能源如风能、太阳能的比重,这也是对煤炭行业提出了新的要求。

为了适应国家能源结构的调整,这就要求河南省煤炭行业逐步降低产量,同时面临清洁能源快速发展所带来的市场竞争压力。这一转型过程中,河南省煤炭行业需要加快技术升级,提高煤炭开采、加工、利用等环节的能效和环保水平,向清洁高效方向发展。

这一转型不仅有助于河南省煤炭行业的可持续发展,也是实现国家"双碳"目标的必然选择。河南省煤炭行业的转型发展机遇在于通过技术创新和产业升级提高煤炭的清洁利用效率和减少环境污染,同时开发和利用清洁能源进而实现能源结构的多元化。此外,河南省煤炭行业的转型还可以通过提高能效和推广低碳技术,促进经济结构的优化和产业升级,为经济发展提供新的动力。在这一过程中需要通过河南省政府政策引导和资金投入以及技术研发和市场培育等多方面的努力,共同促进煤炭产业向绿色转型与可持续发展迈进。

总之,"双碳"目标不仅为煤炭行业带来了挑战,同时也提供了转型发展的机遇。河南省煤炭行业通过技术创新、产业升级和政策支持可以实现绿色低碳发展,也为国家的可持续发展和应对全球气候变化做出积极贡献。

二、能源革命的影响

能源革命作为一场深刻的经济社会变革,对全球能源产业的转型升级和高质量发展产生了广泛而深远的影响。它不仅推动了能源产业的转型升级和高质量发展,还为经济增长提供了新的动力,同时加速了能源结构的调整与优化。在全球范围内,在减少温室气体排放和环境污染这一难题中,严格控制化石能源消费和不断提升非化石能源的比重具有重要意义。

能源革命推动了能源消费方式的根本变革,提高能源利用效率、推广清洁能源等措施都有助于实现绿色低碳发展目标。通过油气替代煤炭、非化石能源替代化石能源的方式,煤炭在一次能源消费中的占比显著降低。通过2022年的数据可知,煤炭在一次能源消费中的占比已降至56.2%,且煤炭消费总量也在逐步减少。这一变化推动了可再生能源如太阳能、风能等的快速发展,使其逐渐成为主导能源形式之一。

面对新的能源需求和发展趋势,河南省煤炭行业需要加快技术开发和潜力挖掘以适应能源革命的要求。河南省煤炭行业需要尽快进行角色转变,从"能源革命的被动对象"到"主动进行自我革命者"。通过技术创新和产业升级,提高煤炭的清洁利用效率,减少环境污染,同时开发和利用清洁能源,实现能源结构的多元化。这不仅能够降低对环境的影响,还能提高能源供应的安全性和稳定性。此外,河南省煤炭行业的转型还可以通过提高能效和推广低碳技术的方式,促进经济结构的优化和产业升级,为经济发展提供新的动力。河南省政府的政策支持和市场机制的完善将发挥关键作用,需要通过政策引导、资金投入、技术研发和市场培育等多方面的努力,共同促进煤炭行业向绿色转型与可持续的方向发展。

总之,能源革命对社会经济产生了深远的影响,推动了能源产业的转型升级和高质量发展。作为能源革命的重要参与者的煤炭行业,需要加快自身技术开发与潜力挖掘以实现绿色低碳发展,从而为国家的可持续发展进程及全球气候变化应对策略做出积极贡献。河南省煤炭行业通过这些努力将能够更好地适应新的能源需求,实现可持续发展,同时为全球环境保护和气候变化应对做出重要贡献。

三、生态环境保护的压力

煤炭,被誉为"黑金",在全球能源结构中占据重要地位。然而,其开采和利用过程对生态环境造成了不容忽视的影响,导致了水资源、大气和土壤的破坏与污染。河南省作为全国的煤炭资源开发和消费大省,其庞大的生产和消费规模对生态环境构成了巨大挑战。

面对生态环境保护所带来的压力,推进煤炭资源的清洁、高效利用,并控制煤炭消费已成为环境保护工作的关键环节。生态环境保护的压力对煤炭行业提出了更高的要求,要求河南省煤炭行业必须加快转型步伐,采取有效措施实现清洁和高效利用,以减少对生态环境的破坏和污染。河南省煤炭行业的转型不仅意味着对现有生产方式的改进,更是对整个行业发展模式的变革。因此需要采用先进的开采技术减少生态破坏,通过改进洗选和加工工艺提高煤炭质量以及通过技术创新实现煤炭的清洁燃烧和高效利用。

对于实现这一目标,河南省煤炭行业需要加大研发投入,例如,通过煤炭洗选技术去除原煤中的杂质以提高煤炭的燃烧效率。同时,河南省煤炭行业应积极推广煤炭与新能源的相互结合,如将煤炭与风能、太阳能等可再生能源相结合以提高能源的综合利用效率。此外,河南省煤炭行业还应加强与电力、化工、建材等相关行业相协同,通过产业融合和循环经济模式以实现资源的最大化利用和废弃物的无害化处理。同时需要政府通过制定相应的政策和标准,积极引导和激励煤炭行业的清洁、高效利用。例如提供财政补贴、税收优惠、绿色信贷等经济激励措施以及加强环境监管和执法,确保煤炭行业的可持续发展。

因此,实现生态环境保护目标的关键在于煤炭行业的清洁与高效利用。借助技术创新、产业升级及政策导向的推动,河南省煤炭行业能够有效减轻对生态环境的负面影响及污染,为绿色低碳发展贡献力量。

高效利用,加强了对煤炭产业的科技创新和结构调整,为后续的转型奠定了坚实基础。截至2017年,河南省的煤炭行业转型取得了突破性进展,转型指数成功迈入"较好"行列。这一成绩的取得,得益于河南省在煤炭行业转型上的持续努力和一系列创新举措的实施。河南省不仅加强了对煤炭产业的环保监管,推动煤炭企业的绿色发展,还积极引进和培育煤炭清洁高效利用技术相关人才,提升了煤炭资源的精准勘察能力和信息化、智能化水平。进入2021年,河南省的煤炭行业转型指数继续保持稳定增长,虽然未能跻身"好"的行列,但已经与东部地区的部分省份在转型成效上缩小了差距。这一时期,河南省在煤炭行业转型上更加注重系统性、整体性和协同性,通过优化产业结构、推动技术创新、加强政策引导等措施,实现了煤炭行业转型的高质量发展。

从河南省煤炭行业转型的历程来看,其转型成效与区域经济社会发达程度和能源资源禀赋密切相关。作为中部地区的重要省份,河南省在煤炭资源丰富的同时,也面临着能源结构调整和环境保护的双重压力。因此,河南省在煤炭行业转型上更加注重平衡发展与保护的关系,通过创新驱动和绿色发展,实现了煤炭行业的转型升级和可持续发展。

第四章 "双碳"目标下河南煤炭行业转型机制研究

在"双碳"目标的背景下,河南省煤炭行业转型发展是一个复杂的动态演化过程。近年来,由于工业发展等因素,经济社会发展与生态环境间的矛盾正逐渐加剧,煤炭行业的转型也需人为因素的推动。为了有效推动河南省煤炭行业的转型,不仅需要深化对煤炭行业转型发展的认识,还需要对其转型过程进行全面系统分析,包括系统内部及外部的分析。为此,本章从理论基础出发,明确了煤炭行业转型发展的目标及利益相关者,并基于 DPSIR 模型,构建了煤炭行业转型机制分析框架。因此,不仅深入探究了煤炭行业转型发展的本质逻辑,还为后续研究河南省煤炭行业转型测度及转型路径奠定了基础。

第一节 煤炭行业转型发展目标及利益相关主体分析

一、煤炭行业转型发展目标

煤炭行业转型发展的内涵将煤炭行业转型过程视为一个多维动态复杂的系统演化过程。要对其转型机制进行分析,需要明确煤炭行业转型发展的目标,即实现煤炭的安全、高效、绿色、智能化开采,清洁、高效、低碳、集约化利用,为经济社会稳健发展和能源安全稳定供应提供坚实支撑与保障。具体而言,煤炭行业转型发展的目标可以细分为四个方面。

(一)安全高效智能化开采

这一目标聚焦于推动高效绿色开采技术的应用,旨在提高开采效率及资源回收率,同时减少对环境的破坏。首先,深化供给侧结构性改革,进一步优化煤炭生产的布局,释放优质产能,确保煤炭产量保持在合理水平。淘汰、关停或者改造对环境影响大的落后煤矿,同时,积极推动煤矿的自动化与机械化进程,鼓励新建智能的大型或特大型煤矿,力求实现煤炭开采生产的安全、高效与智能化。其次,规范煤矿智能化的基本理念,完善煤矿智能化建设,加大矿井的装备升级改造,开展煤矿智能化建设试点,分步实现智能化建设。最后,推动智能化关键技术应用,积极推广绿色开采技术,建设智能化高标准绿色开采示范煤矿并达到验收阶段,随后不断扩大试点范围,让各地区因地制宜探索适合本地区的绿色开采技术,推动煤矿智能化进一步发展。煤矿智能化建设是一个多领域、多层次互相配合的复杂系统工程,针对不同的煤矿,不同的设备水平和技术水平需分级分类提出智能化煤矿建设路径,将人工智能、物联网、云计算、大数据等新技术与煤炭开采装备技术深度融合,深化煤矿智能化建设。

(二)清洁低碳集约化利用

这一目标旨在推动煤炭利用路径的多样化及清洁低碳利用以缓解环境污染与保障能源供应间的矛盾。首先,积极开展煤炭洗选工作,推广洗选业技术装备规模化应用,提高煤炭洗选业质量效益。其次,通过绿电、绿氢、绿氧与煤化工相结合等措施实现源头减碳,通过创新反应路径、高性能催化剂精准合成、定向调控反应过程等措施实现过程减碳,并扩大相关试点的覆盖范围,以此促进煤炭的清洁与高效利用。除此,需延伸扩展煤炭产业链,开展煤改油气、煤改化工、煤改氢和煤油气综合利用等,推动现代煤化工的技术升级。最后,通过技术的改进,推动煤炭利用路径由燃料向原料进行转变,加快推进富油煤分质分级利用等技术的研发和应用,提高发电和供热煤炭效率,提高煤炭集中利用率,矿石加工过程中的回收率以及洗煤水的循环再利用率等;同时,严格限制煤炭的分散燃烧,以有效降低污染物的排放量。

(三)有力保障资源

这一目标是由于煤炭资源作为中国的主体能源和刚性能源,影响着一次能源消费结构及经济社会发展。为此,煤炭行业需承担起保障能源安全供应的重任,从而使资源保障有力。世界能源正处于从化石能源向新能源的重大转型期,世界各国都制定了能源发展战略。中国能源发展面临着挑战,人口基数和经济发展规模决定了能源消费的"绝对巨大量";煤炭丰富但油气不足的资源结构决定了不清洁的能源消费结构;对进口石油和天然气的日益依赖决定了不安全的能源供应;非常规的石油和天然气禀赋使得中国无法通过复制美国模式来实现能源独立。从世界能源趋势和中国能源独特情况的角度,在2020—2035年,河南省需要通过清洁煤炭、稳定油气生产、大力发展新型替代能源来解决能源供应安全问题。煤炭在保障能源供应方面具有不可替代的作用。随着全球经济的发展和能源需求的增长,煤炭将继续在能源市场中发挥重要作用。同时,也需要加强煤炭的清洁利用和环保治理工作,以实现能源的可持续供应。

（四）促进经济发展

这一目标是由于煤炭作为中国的重要工业原料，其主导的能源体系对维持国内生产总值（GDP）的快速增长起到了至关重要的作用。煤炭为电力行业和钢铁行业提供了强有力的支持，是推动中国国民经济迅速发展的坚实后盾。然而，自2008年金融危机爆发以来，煤炭行业产能过剩、企业运营成本高、风险化解能力差等问题层出不穷，大部分煤炭企业遭受损失。直到2016年去产能过剩政策实施后，煤炭价格的上涨才缓解了一些危机。当前，中国经济正处于高质量发展的关键阶段，致力于转变发展方式、优化经济结构和转变增长动能，这对传统能源行业产生了革命性和颠覆性的影响。面对复杂的内外部因素，传统煤炭行业已不能满足国家经济高质量发展的需要。因此，煤炭行业在加速工业化和城市化方面发挥着重要作用，因为它需要提供原材料来满足不断增长的资源需求。它还有助于增加外国资本投资、出口和就业机会，这些都是社会经济发展的关键因素。因此推动煤炭行业转型发展已成为共识和趋势。

二、煤炭行业转型发展利益相关主体分析

煤炭行业转型发展涉及多方利益相关者，包括政府、煤炭行业及消费者等，需要政府政策、煤炭行业行为和消费者消费模式发生重大变化。在此过程中，政府起主导作用，煤炭行业作为市场经济活动中的重要力量，承担着相应的社会责任，与此同时，广大消费者不仅深度参与其中，成为推动发展的重要力量，而且还是发展成果的最终享用者。因此，政府、煤炭行业和消费者这三大利益相关主体，在煤炭行业的转型发展过程中，各自发挥着不可替代的作用。它们之间的互动与博弈，复杂多变且至关重要，共同构成了推动煤炭行业向更高质量、更可持续方向转型发展的强大合力。

（一）政府

政府在煤炭行业转型中起主导作用，地方政府及其政策是推动转型的主要力量，发挥着至关重要的作用。当然，政府政策有可能促进或阻碍煤炭行业转型进程，但大多数情况下都具有积极作用。积极因素应作为重要的推动力量，避免消极因素的抑制作用。地方政府的详细规划能够有效抑制煤炭行业转型期间对重大基础设施投资可能产生的破坏性影响。政府不仅负责制定政策和规划，还承担着行业发展的监管职责。在演化博弈论的视角下，煤炭行业与地方政府之间存在复杂的行为互动模式。首先，政府需关注煤炭资源的有序开发和利用，通过制定政策来引导资源配置向更高效的用途发展，从而促进以煤炭为基础的技术创新和产业升级。其次，政府应致力于继续推进能源生产和消费

革命,优化煤炭产业发展体系,以适应从传统煤炭开采向现代化服务和高科技产业的转型。最后,在煤炭行业转型过程中,环境保护和可持续发展尤为重要。政府应优化产业布局,鼓励节能环保企业采用绿色生产方式,合理配置工业污染治理投资,适当改变技术创新和环境调控的力度和方式。

(二)煤炭行业

行业社会责任对煤炭行业转型发展也起到了积极作用,是促进其转型发展的关键要素。消费者需求可以逆向影响行业供给,促使行业进步与改革,但是需求还是要取决于行业市场供给。因此将低碳供给作为推动煤炭行业转型发展的实现路径。绿色、低碳的煤炭行业可以决定煤炭的消费方式,引导消费者完成高碳消费到低碳消费的转变。通过低碳供给来实现"双碳"背景下煤炭行业的转型目标还需要依赖于绿色、低碳的科学技术与设备。除了环境和经济成就外,还可以通过帮助当地和其他行业积极展示其社会责任。为当地小型煤矿提供支持,提供先进的安全、技术和管理措施方面的建议。对于追求利润的煤炭行业,必须兼顾经济、社会和生态环境三个方面的均衡,并愿意投资于清洁技术,减少浪费,采取更严格的安全和环境措施,如此才能加速煤炭行业的转型发展。

(三)消费者

消费者是煤炭行业转型发展的参与者和受益者。供给和需求二者本来就是双向的,二者互相影响,消费者的需求会决定产品生命周期的长短,在煤炭行业中,消费者的低碳需求不仅可以影响煤炭行业的能源结构,更是驱动煤炭行业进行转型发展的重要因素。以消费者需求为核心的煤炭行业必然会调整产业结构以及技术标准,从而推动煤炭行业的转型发展。因此,如何从消费者需求这一角度来促进煤炭行业转型发展必须得到重视。消费者的需求可以从供应链的末端开始,逆向影响煤炭行业,促使煤炭行业进行绿色、低碳的转型。由此发挥出消费者的低碳需求在煤炭行业转型中的引擎作用。其中需要宣传和引导,从各个方面入手激发出消费者的低碳化需求,从需求端逆向影响生产端。

第二节　基于 DPSIR 模型的煤炭行业转型机制分析

煤炭行业转型发展过程的系统演化从驱动力出发,识别分析煤炭行业转型发展过程中的关键动因,深入分析驱动煤炭行业转型的因素如何转化为压力,进而探讨在"双碳"目标下,其压力所带来的煤炭行业转型的状态变化,以及可能引起的一系列影响,从而提出具有针对性的响应措施。煤炭行业转型机制分析基于 DPSIR 模型,通过构建针对煤炭行业转型发展的"DPSIR"机制分析框架,保障研究过程的合理性及系统性,从而提高研究结论的实用性,借此对煤炭行业转型发展提供指导。

一、DPSIR 模型

DPSIR 模型是从 PSR(压力-状态-响应)模型发展而来的,对其进行修正改进后,由最初一个分析环境问题及原因的全面框架扩展到一个可用于可持续发展、生态安全、资源管理等多领域的系统性框架。与 PSR 模型相比,DPSIR 模型增加了两个维度:驱动力和影响。DPSIR 模型描述了社会、经济和环境之间的因果关系,可以全面涵盖经济、社会和环境因素。DPSIR 模型表征了系统内驱动力(driving)、压力(pressures)、状态(state)、影响(impact)和响应(responses)五个核心要素组成的因果关系链。其综合考虑了经济、环境、社会以及政策等多个维度的因素,揭示了系统内各组成部分间的内在联系,可对复杂的系统进行深入而全面的剖析,从而寻找根本原因,评估可能出现的结果,并提出有效的响应措施。图 4-1 描述了 DPSIR 模型系统内要素间的关系。

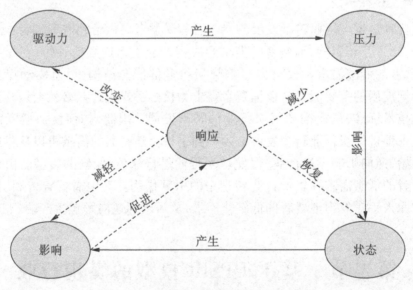

图 4-1 DPSIR 理论模型逻辑关系示意图

通过分析,本书的研究对象为煤炭行业转型的全过程,为了更好地识别系统要素,将煤炭行业转型发展系统主要分为环境、经济、资源这三个子系统,借助DPSIR 模型作为分析工具,旨在深入剖析并阐述煤炭行业转型发展过程中,系统各要素之间相互作用的关系。在 DPSIR 模型中,驱动力、压力、状态、影响及响应这五个环节,紧密围绕经济、环境、资源这三个核心子系统展开分析。DPSIR 模型并非一个独立的系统,而是一个用于描述系统特性的框架性工具。它提供了一个清晰且系统的视角,能够洞察各子系统之间及其内部错综复杂的相互作用关系。通过这一框架,可以更加全面地理解煤炭行业转型发展的多维度、多层次特征,以及经济、环境、资源子系统在其中的关键地位和相互影响。

二、煤炭行业转型机制模型的构建

(一)驱动力(D)

在 DPSIR 模型框架中,驱动力(Driving)通常是煤炭行业转型驱动系统发生变化的根本因素,是系统演化的起始。要探索引起煤炭行业转型发展变化的原因,揭示背后的驱动因素,必须扩宽分析视野。因此,在这项研究中,依据煤炭行业转型发展的特性,将驱动因素分为政策因素、产业因素和人口因素。

1. 政策因素

政策牵引是关键的根本性因素,由于工业化对人类生活质量造成了影响并对自然环境造成了破坏,环境可持续性问题得到了广泛认可。首先,政府的指导思想和国家发展理念发生了根本性的转变,从 20 世纪 70 年代后期的压倒性经济增长转变为 20 世纪 90 年代后期开始的生态可持续发展。1995 年,中国正式提出"可持续发展",其被确定为国家的重大发展战略。环境和自然资源退化每年给中国造成巨大损失,中国正式提出了生态文明,以在生产、消费、分配和经济增长之间建立更可持续的关系。这一行动反映了政府对发展的理解产生了重要变化,并且已经朝着更可持续的方向迈出了重要步伐。其次,在过去的 20 年里,中国制定并实施了大量的法律、战略、政策和法规,以鼓励可持续发展,其中许多与煤矿开采业有关。近年来,中国还作出了其他努力,包括"双碳"目标的提出,并在减少全球温室气体排放方面发挥了全球主导作用。这些政策措施对中国煤炭行业的转型发展产生了深远影响。除此,政府还颁布了"1+N"政策体系的指导思想和顶层设计,向全社会乃至全人类释放了减污、降碳的明确信号,而政策实施的关键是鼓励地方政府合作,实现区域协调发展。能源和环境政策之间的协同作用,尤其是中央和地方政策之间的协同作用,对政策实施的有效性具有决定性意义。环境问题对经济增长和社会发展显得尤为重要,推动"双碳"目标的实现已成为中国的一个关键问题。

2. 产业因素

产业转型升级的核心在于顺应时代发展,摒弃传统粗放式的落后发展模式。传统煤炭行业在新常态经济背景下已面临严峻挑战,难以持续为经济增长提供动力。同时,生态环境的急剧恶化和自然资源承载能力的不断下降,迫使整个行业必须正视并解决长期高速发展所累积的各种问题,突破发展瓶颈。尽管过去粗放式的发展模式曾带来显著的经济效益,但若继续坚持,必将带来环境破坏与资源枯竭的严重后果。基于这些原因,煤炭行业亟须通过延伸现有产业链或投资新能源领域来实现转型,这既是应对外部环境变化的举措,也是优化内部资源配置和提升经营效率的举措。首先,从社会角度来看,需要对传统产业进行改造升级,淘汰落后产能,并培育新兴产业,以推动产业结构的整体优化与升级。其次,从生态角度来看,产业转型需通过提升经济与生态服务性,从而有效减少环境污染的负外部性,实现经济与环境的和谐共生。在确保生态环境安全的前提下,通过产业转型,各行业能够充分发挥自身优势,实现资源共享与优势互补,从而满足市场多元化需求,带来最大的社会效益。因此,产业转型升级不仅促使行业发展的途径,还是实现经济可持续发展、构建生态文明社会的重要途径。

3. 人口因素

人口因素作为煤炭行业转型发展的基石,涵盖了人口集聚、规模变动、结构优化与劳动力素质提升等多个维度。这些因素共同构成了社会结构的核心组成部分。人口的动态变化对行业的发展具有深远的影响,特别是在劳动力市场、消费市场以及广泛的经济社会服务需求等领域。首先,人口集聚能够带动劳动力市场的繁荣,促进就业。其次,人口规模的扩大与结构的优化进一步拓宽了消费市场,为经济发展注入了新的活力。最后,劳动力素质的提升,是推动煤炭行业实现转型升级与创新发展的关键力量。因此,人口因素的动态平衡与持续优化,为煤炭行业的转型发展提供了坚实的社会支撑。

(二)压力(P)

在 DPSIR 模型框架中,压力(Pressure)是直接作用于煤炭行业转型系统的压力,表示的是在驱动因素的直接或间接触发下,对煤炭行业转型系统所产生的基本影响。驱动因素作为系统的初始动因,不易直接感知其效应,但是压力是这些作用的体现,有助于直接观察到其变化。进行不同的研究可能会对压力有不同的解释。本研究的压力为煤炭行业转型发展在驱动因素的作用下,环境、资源、经济等子系统的具体压力,主要包括生态环境破坏、资源低效利用和能源供应不足。

1. 生态环境破坏

经济的快速发展消耗了大量资源并排放了大量污染物,导致自然环境退化。人类对化石燃料的广泛使用导致了二氧化碳等温室气体的大量排放,加剧了温室效应并提高了地球表面温度。地表温度的升高导致极地冰盖融化、海平面上升、恶劣天气事件发生,这些危害正在干扰和破坏自然生态系统,威胁着人类的生存。中国粗放型煤炭开采模式不仅直接导致了农田破坏、矿区坍塌、水体污染等生态问题，还间接导致了严重的空气污染问题。自从工业时代开始以来，化石燃料燃烧排放的二氧化硫、一氧化氮，以及固体颗粒和其他物质一直在污染大气。总的来说，该行业在经济增长方面发挥了重要作用。但是，在这个过程中，它造成了长期的环境破坏，包括地表扰动、生态系统和生物多样性的破坏、矿井沉降、水土流失以及噪声、空气和水污染。对资源和环境的制约越来越突出，以要素投入为特征的粗放型产业扩张模式也导致了中国经济的"不平衡、不协调、不可持续"。环境污染的严重加剧是制约国家经济社会可持续发展的重要问题，也是社会必须面对的挑战。

2. 资源低效利用

煤炭行业的资源利用低效。首先，在开采环节，中国大矿区煤炭回采率均值为 30% ~ 40%，中小型矿井回采率最低不足 10%，这种低回采率导致了大量煤炭资源的浪费。与世界其他煤炭生产大国相比，中国的煤炭储采比相对较低。这意味着在同样的储量下，中国的煤炭开采速度更快，资源消耗更快。同时，虽然国有重点煤矿和一些大型煤矿的采煤机械化程度较高，但小型煤矿的采煤机械化程度普遍偏低，这不仅影响了开采效率，也导致了资源的浪费。其次，在加工环节，中国在煤化工领域虽取得一定进展，但整体上深加工技术仍欠缺。目前，煤化工产品以初级焦炭为主，资源利用效率难以提升。此外，煤炭加工过程中，流通加工与资源综合利用环节存在明显短板。除形成成品煤外，还产生了煤矸石、煤矿瓦斯、矿井水等废弃物。然而，中国对这些废弃物的综合利用率并不高，导致了大量有效非煤资源被浪费。最后，在消费环节，煤炭品质与需求不匹配的问题凸显。无论是用低品质煤去满足高品质需求，还是用高品质煤满足低品质需求，都是对原煤资源的极大浪费。

3. 能源供应不足

2020 年 9 月，中国政府提出了"碳达峰"和"碳中和"的目标。在"双碳"目标下，中国需要逐步减少化石能源，特别是煤炭，并增加可再生能源的使用，以满足经济发展、工业化和城市化的需求。然而，由于天然气和其他能源供应不足，能源价格持续上涨。使居民必须承担比以前更高的价格才能用电，这增加了低收入群体和小企业的经济负担。首先，随着中国经济的快速发展，对能源的需求呈现出持续增长的趋势。确保能源的可持续供应已成为中国经济可持续发展面临的关键挑战。其次，能源技术、设备和管理水平相对落后，能源效率较低，以及以煤炭为主、缺油气的能源结构短期内没有得到改善。最后，国际能源市场处于动荡与变革期，2022 年以来，投资放缓，供应短缺等因素导致了煤炭、油气等能源价格多次居高不下，提升了国际能源市场的不确定性。中国在保障未来能源供应方面承受着巨大的压力。鉴于煤炭在中国能源结构中占据重要地位，一旦煤炭供应出现短缺，将直接威胁到国家的能源安全以及社会经济的平稳运行。因此,在能源供应不足的压力下,需要推动煤炭行业转型发展,以确保国家能源供应的安全。

(三)状态(S)

在 DPSIR 模型框架中,状态(State)表示煤炭行业转型系统在驱动力和压力的影响作用下所处的状况,这也为后续分析影响和响应奠定了基础。对于状态,以往研究是从两个维度进行定义的:一方面是作为反映特定研究对象具体情况的指标,另一方面是作为表征系统综合属性情况的指标。本研究中对煤炭行业转型发展状态的定位,不仅是探讨分析在驱动因素和压力因素作用下的状态,也是为后续分析影响评估和制定响应策略奠定了重要基础。因此,本研究将从煤炭行业转型发展的经济、资源和环境子系统的本身及其内部间的交互关系具体探讨煤炭行业转型的状态因素。

1. 经济子系统

在煤炭行业转型发展过程中,经济子系统具有至关重要的基础性作用。经济发展往往依赖于煤炭资源的开采和利用,但随着资源的逐渐枯竭和市场需求的变化,单纯依赖煤炭资源的经济模式已经难以为继。因此,核心是需要构建现代化经济体系,实施产业结构的转型升级以及技术创新、市场发展、金融支撑和开放合作等核心举措,以激发经济活力。通过提升生产和服务效率,增强本地经济的竞争力和开放性,实现经济的高质量发展。通过发展新兴产业,如清洁能源、高端装备制造、现代服务业等,逐步减少对煤炭产业的依赖,实现产业结构的多元化和高级化。同时,也需要对传统煤炭行业进行技术改造和升级,提高其资源利用效率和环保水平。开放合作是提升本地经济竞争力和开放性的重要途径。煤炭行业需积极融入国家发展战略和区域合作框架,加强与国内外先进地区的交流合作,汲取管理和技术的先进理念,以推动本地经济高质量发展。

2. 环境子系统

在煤炭行业转型发展过程中,围绕保护生态环境、减少污染排放、实现可持续发展而构建的一系列生态建设措施,包括了生态保护、污染防治、绿色基础设施建设、能源消耗控制以及气候变化的适应和缓解等多个方面。首先,煤炭行业环境子系统在约束与规范煤炭开采活动、促进环境保护与生态建设、推动煤炭行业转型升级、提升煤炭行业竞争力以及实现经济、社会与环境协调发展等方面发挥着重要作用。环境子系统对煤炭开采规模具有约束作用,确保煤炭开采活动在环境可承受的范围内进行。其次,煤炭行业在发展过程中需要注重环境保护和生态建设。传统的煤炭加工方式往往对环境造成较大破坏,而环境子系统的建立促使煤炭行业采用更环保、更高效的加工技术,推动行业向绿色、低碳、循环方向发展。最后,环境子系统是煤炭行业经济、社会与环境协调发展的重要保障。通过加强环境保护和生态建设,煤炭行业可以实现经济效益、社会效益和环境效益的协调发展,为社会的可持续发展做出贡献。因此,煤炭行业应高度重视环境子系统的建设和完善,以实现顺利转型。

3. 资源子系统

资源子系统是煤炭行业转型发展的重要支撑,它的发展状况直接影响到煤炭行业的经济效益、社会效益和环境效益。资源子系统的发展目标是提高煤炭资源和水资源的利用效率,降低资源依赖率,实现资源的合理利用。这要求煤炭行业在发展过程中要注重资源的勘探、开采、加工和利用的各个环节,采用先进的技术和管理手段,提高资源的利用效率和质量,同时减少对环境的破坏和污染。通过技术创新和工艺改进,提高煤炭资源的利用效率,减少能源消耗和排放,是实现资源子系统高质量发展的关键。这包括推广清洁煤技术和发展循环经济等以提高燃煤效率。其次,通过深入勘探开发自然资源、延伸产业链、开发可再生能源以及推动经济的多元化转型,可以显著增强煤炭行业的发展潜力。这些措施不仅有助于应对煤炭行业转型发展所面临的挑战,还为煤炭行业的未来发展奠定了坚实的基础。

(四) 影响(I)

在 DPSIR 模型框架中,影响(Impact)表示上述三个参数相互作用的结果,代表着系统状态转变对人类社会和自然环境所带来的具体后果。状态是对经济、环境以及资源子系统于特定时间点上的静态描述,而"影响"则是这些状态变化所激发的具体结果展现。在煤炭行业转型发展的道路上,受到驱动力与压力的双重影响,促使各子系统状态发生变化,并随之产生显著的效应。本研究旨在从产业布局不合理、资源消耗枯竭及生态环境恶化等角度,深入探讨状态变化对煤炭行业转型发展所产生的动态影响,进而揭示这些影响是如何深远地作用于煤炭行业转型发展的进程。

1. 产业布局不合理

煤炭行业存在的结构不平衡问题是值得关注的重点,这不仅影响了行业的生产效率和安全性,也给煤炭行业的绿色低碳发展带来了挑战。首先,全国仍有一些小煤矿普遍面临着技术装备不先进、生产效率有待提升的问题。生产设备的老旧以及生产工艺和管理水平的滞后导致小煤矿的生产成本较高,竞争力较弱,同时也增加了安全事故的风险。其次,煤炭行业的区域发展不平衡问题同样显著。一些产煤大省的煤炭产量和安全高效煤矿达标数量占比极高,而另一些产煤大省的占比则相对较低。这种不平衡不仅影响了煤炭资源的合理开发和利用,也加剧了地区间的经济差异。最后,煤炭产业与低碳产业布局衔接不足。煤炭、煤电和煤化工产业与风电、光伏、地热等低碳产业布局尚未有效衔接,这是煤炭产业绿色低碳发展的一大障碍。目前,煤炭产业仍占据中国能源结构的主导地位,而低碳产业的发展相对滞后。这种布局的不合理不仅限制了低碳产业的发展空间,也增加了煤炭产业转型升级的难度。

2. 资源消耗枯竭

煤炭资源是一种有限资源,随着长期开采,煤炭储量逐渐减少。据相关分析,中国目前的煤炭资源储量可采年限不足30年,10年内枯竭的煤矿占1/3,退出产能达15亿吨,这表明煤炭资源正面临枯竭的威胁。随着煤炭资源的减少,剩余的煤炭资源往往位于地质条件复杂、开采难度大的地区。这些地区的煤炭开采不仅成本高昂,而且技术难度和安全风险也相对较高。这进一步加剧了煤炭资源的消耗和枯竭。随着开采的深入,优质的煤炭资源逐渐减少,而低质量的煤炭资源则逐渐增加。这些低质量的煤炭资源不仅热值低,还含有较高的灰分和硫分等有害物质,对环境和设备造成损害。然而为了维持生产,煤炭行业不得不开采这些低质量的煤炭资源,从而进一步加速了煤炭资源的枯竭。在面临资源枯竭的挑战时,煤炭行业需要积极调整战略,采取有效措施应对各种挑战,以保障行业的可持续发展。

3. 生态环境恶化

煤炭行业导致的环境危害是多方面的,涵盖了空气、水体、土壤以及生态等多个层面。首先,空气污染。煤炭燃烧过程中会释放大量的二氧化硫、氮氧化物、颗粒物以及一氧化碳等有害气体,这些污染物会严重污染大气环境,导致空气质量下降,影响人类健康。煤炭开采和洗选过程中产生的煤矸石和燃煤后的粉煤灰,如果处理不当,会随风飘散,形成粉尘污染,同时这些废弃物中的有害物质也可能通过风化和雨水淋溶等方式进入大气和土壤。其次,水体污染。矿井水和洗煤废水中含有高浓度的悬浮物、重金属、有机物等污染物,若未经处理直接排放,将严重危害地表与地下的水质,进而对水生生物的生存环境及人类饮用水的安全构成威胁。除此,某些煤矿区的矿井水可能因含硫量高而呈酸性,这种酸矿水会腐蚀管道和设备,同时也会对水体造成严重的污染。再次,土壤污染。煤矸石堆场如果管理不善,会导致重金属等有害物质渗入土壤,改变土壤性质,影响农作物的生长和品质,甚至可能通过食物链对人类健康造成威胁。煤炭开采过程中形成的采煤塌陷区会导致地表植被破坏,土壤裸露,加剧土地荒漠化。最后,煤炭开采会占用大量土地,破坏地表植被,导致生态功能下降,生物多样性减少。经过几十年的资源深度开采,相关的环境问题日益严重,需要采取综合性的措施来减少其对环境的影响。

(五)响应(R)

在DPSIR模型框架中,响应(Response)表示煤炭行业转型系统在驱动力的驱动作用下,所承载的压力而导致所处的状态发生变化,随后为了消除环境变化对人类造成的不利影响,所采取的制度措施。响应旨在控制驱动因素以维持或恢复状态并帮助适应影响,具体有创新技术引领、优化协调结构和绿色生态文明等。

1.创新技术引领

技术变革在分析煤炭行业转型的间接影响层中最为重要,要不断提高煤炭行业科技创新的领导能力,逐步完善煤炭行业的管理体制机制,提升其技术效率。加快优化煤炭行业集约化发展布局,突出其规模效益,稳步推进煤炭行业市场化改革,提升要素配置效率。推动煤炭行业的转型发展,绿色与低碳技术的发展起到关键性的作用。由于内生性与外生性约束机制的存在,低端技术已经不能满足煤炭行业现阶段转型发展的需求。甚至因为技术落后等原因导致了现有能源的利用率低下和产业结构的高能耗,从而使得煤炭行业的运作模式和生产模式表现出高碳特征。因此必须以技术创新为手段,推动传统技术系统的改革,适应煤炭行业的转型发展。绿色和低碳技术的研发与应用是推动煤炭行业转型的重要手段,但是由于技术创新前期高水平的资金投入以及高研发风险的问题,煤炭行业对技术创新研发的热情并不高。因此,为了加快煤炭行业绿色和低碳技术的创新,必须制定正向的激励机制。以制度保障为核心,从政策方面支持煤炭行业的技术研发。建立并加强产权保护机制,确保其在技术研发成功后的收益保证,同时完善政策支持,增加对创新技术研发的资金补贴,推动行业进行绿色与低碳技术的研发。

2.优化协调结构

受中国煤炭资源禀赋和发展条件不平衡的影响,中国各地区的煤炭行业转型发展也是不均衡的。首先,西部大开发战略的政策红利和中部地区的崛起,在很大程度上产生了有利的生产要素,促进了煤炭行业的发展。东部和东北地区虽然技术基础较好,但由于煤炭资源枯竭,深部开采成本高,生产规模只能逐步缩小。这可以看出,规模优化和要素重置对煤炭行业的转型发展具有重要推动作用。因此,需要更加注重区域协调发展。中部地区需要更加注重规模优化,西部地区要加强先进技术引进和管理水平的提高,而东部和东北地区则需要分别注重深部开采技术和有效要素配置。各省要发掘发展优势,补齐发展短板,有针对性地制定煤炭行业转型发展规划。其次,需要形成区域协同治理格局。各地区、各省的煤炭行业污染治理效率各不相同,差距也较大。需要实施顶层设计和总体规划的改革,发挥东部地区的主导作用,实现区域之间的协调治理。不同因素对煤炭行业转型发展的影响不同,不同因素对多个地区的影响差异也很大。因此,应根据当地不同的经济发展水平、技术创新、产业结构、城镇化水平、开放程度、污染治理投资情况等制定适当的治理政策。

3.绿色生态文明

近10年来,生态文明纳入国家战略,环境治理受到高度重视。政府发布的

《大气污染防治行动计划》《水污染防治行动计划》《土壤污染防治行动计划》《打赢蓝天保卫战三年行动计划》等一系列政策得到深入实施,较好地约束了煤炭生产和消费端对水、土壤、空气的污染,较好地实现了水资源和固体废物的综合利用。实现"碳达峰、碳中和"是一场广泛而深刻的经济社会系统性变革。党中央为建设生态文明做出了前所未有的努力,建设美丽中国向前迈出了一大步。推进煤炭行业绿色转型,对中国"双碳"目标的实现和生态文明的整体建设具有重要意义。在实现"双碳"目标的背景下,开展了一系列基础性和开创性工作,为污染防治做出了前所未有的努力,取得了显著成效。首先,要强化环保法律法规的制定,加大对污染环境行为的处罚力度。其次,为确保环境保护政策得到一贯执行,需要建立支持性的制度框架,以促进各行业积极回收污染物并升级至绿色生产模式。同时,政府还应加强知识产权保护,以此激励行业研发并推出更多的创新环保产品。此外,政府应发挥积极的协调作用,促进区域均衡发展和环境保护。

第三节　煤炭行业转型机制研究框架

前文深入探讨了基于 DPSIR 理论模型的煤炭行业转型发展系统的演化机制,具体界定了驱动力、压力、状态、影响以及响应这五个核心要素的内在结构。这些要素之间相互作用,形成了一个复杂而精细的系统结构。为了更清晰地揭示这一系统演化的内在逻辑,则根据这些要素间的复杂关系,精心梳理出了一个条理分明的系统演化机制分析框架。该框架旨在更深入地理解煤炭行业在转型发展过程中的动态演变规律,为后续的研究及相关决策和实践提供有力的理论支撑。

煤炭行业转型发展的驱动力是研究的出发点。其中,人口变迁、产业升级及政策导向等因素是"隐性"的驱动力,它们对经济、环境、资源三个子系统产生了资源供应不足、生态环境破坏及资源利用低效等"显性"压力,还进一步促使煤炭行业在经济、环境、资源这三个方面的状态发生转变,从而引发了一系列连锁反应,具体表现为产业布局失衡、生态环境持续恶化以及资源面临枯竭等。在"双碳"目标的战略指引下,为应对上述挑战,需从多个维度提出应对策略。首先,以创新技术为引领,推动煤炭行业的技术革新;其次,优化产业结构,实现各环节各地区的协调发展;最后,强化绿色生态文明建设,确保行业的可持续发展。这些措施旨在反向作用于驱动力、减轻压力、改善系统状态,并最终形成积极的影响。通过上述一系列相互作用的关系,可以看出煤炭行业转型发展系统是一个复杂而动态的过程,涉及多方面的因素与环节。通过深入分析与理解煤炭行业转型机制,为煤炭行业转型发展的研究提供了更加科学的指导与决策依据。

煤炭行业转型发展系统演化机制的 DPSIR 理论模型,如图4-2所示。

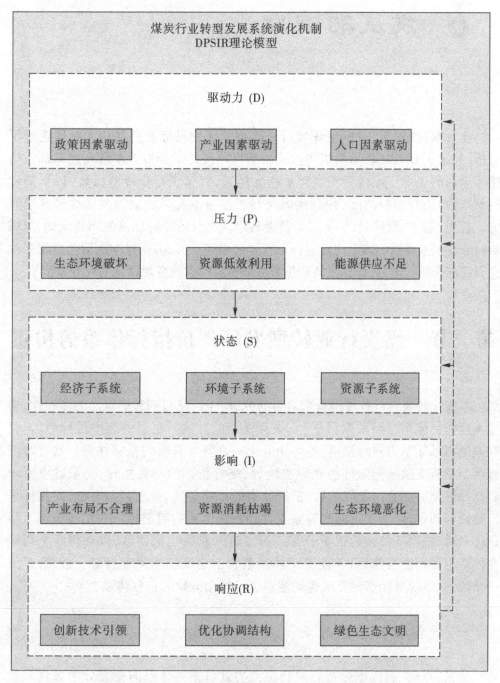

图 4-2　煤炭行业转型发展系统演化机制 DPSIR 理论模型

第五章 "双碳"目标下煤炭行业转型发展的测度

前一章对"双碳"目标下煤炭行业转型发展的目标及利益相关主体进行了分析,并基于 DPSIR 模型对煤炭行业转型机制进行了分析。本章在此基础上构建了全面的煤炭行业转型发展评价指标体系,对煤炭行业转型指数(以下简称转型指数)进行综合测度,并对我国煤炭产业转型发展的空间关联性进行了研究。首先,基于"双碳"目标下煤炭行业转型能力评价指标体系的构建原则,对煤炭行业转型发展指标体系构建过程进行详细阐述。其次,对样本选取与数据来源进行详细介绍。最后,计算出转型指数并分析其时空演变规律及空间分布特征。

第一节 煤炭行业转型发展评价指标体系的构建

本节针对煤炭行业转型指数进行研究,由于研究目的和侧重点的多样性,构建测度指标体系时需采取科学、系统且全面的方法。在明确测度目标后,本研究遵循指标体系构建的原则,致力于开发一套科学有效的指标体系。通过对能源转型现有文献的深入分析和频次统计,结合指标的归类整理,初步确立了一套指标框架。在数据收集阶段,根据数据的可获得性,采用定量方法,对指标进行筛选和调整,以确保指标间的独立性和测度体系的稳健性。在初步确定了指标体系后,根据各指标的权重分配进行了进一步的优化调整,以确保每个指标在体系中发挥恰当作用,并使整个体系紧密围绕既定的测度目标。最终,形成一个科学、系统且能准确反映煤炭绿色低碳转型效果的指标体系。

一、评价指标体系原则

建立"双碳"目标下煤炭行业转型能力评价指标体系需要充分考虑煤炭行业的具体情况以及"双碳"目标的约束,为保证评价结果的准确性和有效性,在构建指标体系时,我们需要遵循以下核心原则。

1.代表性原则

煤炭行业转型效果的评价涉及众多方面,因此,在选择评价指标时,必须确保所选指标能够充分代表煤炭行业转型的关键要素和核心特征。过多的指标不仅会增加评价的复杂度和时间成本,同时也造成了多项指标之间的重复与相互干扰,影响评价的准确度。反之,若指标选取太过单一,将不能完全反映出煤炭行业的转型效果。因此,本研究根据煤炭行业的实际情况,进行了科学合理的指标筛选,确保所选指标既具有代表性,又避免冗余。

2.科学性原则

科学性是评价指标体系的基础,研究指标应具有明确的理论依据,能够真实、客观地反映煤炭行业的转型效果。因此在选择指标时,不仅要参考相关理论和研究成果,还要结合煤炭行业的实际情况,进行深入的调查和分析。同时,指标的计算方法和数据来源也应具有科学性和可靠性,以确保评价结果的准确性和可信度。

3.可获得性原则

在选择评价指标时,不应该只结合理论研究的结果,还应该结合相关统计资料,对于缺失数据的指标应该舍弃,而对于缺失的关键性指标,可以使用其他关联度高的指标进行替代。由于本报告使用的是宏观统计数据,因此,该原则对于本报告的指标选取非常重要。

4.动态性原则

煤炭行业的转型是一个动态的过程,涉及多个方面和层次的变化。因此,在构建评价指标体系时,不仅要考虑静态指标,还应关注动态指标。静态指标可以反映煤炭行业转型的当前状态,而动态指标则可以揭示转型过程中的趋势和变化。通过结合静态和动态指标,本研究可以更全面地了解煤炭行业的转型效果,为未来的转型发展提供有力的支持。

此外,在构建评价指标体系时,还应注重指标的多样性和综合性。多样性可以确保我们从多个角度和层面了解煤炭行业的转型效果,而综合性则可以将各个指标有机地结合起来,形成一个完整的评价体系。同时,根据煤炭行业的发展趋势和"双碳"目标的约束,不断调整和优化指标体系,以确保其始终具有针对性和实效性。

二、评价指标体系建立

本研究的目的之一是剖析煤炭行业转型发展的性质与特征。因此,在初步构建指标体系时,与已有关于能源绿色低碳转型、煤炭行业转型发展指标体系有所区别,本研究基于我国《"十四五"现代能源体系规划》(以下简称规划)中提出的煤炭行业转型方面的目标,选择评价指标。基于此,本研究整理了规划中有关煤炭行业转型方面的章节和相关目标,如表5-1所示。

表5-1　规划中煤炭行业转型方面的目标及分目标

章节	目标	分目标
加快推动绿色能源低碳转型	大力发展非化石能源	加快发展风电、太阳能发电
		因地制宜开发水电
		积极安全有序发展核电
		因地制宜发展其他可再生能源
	推动构建新型电力系统	推动电力系统向适应大规模高比例新能源方向演进
		创新电网结构形态和运行模式
		增强电源协调优化运行能力
		加快新型储能技术规模化应用
		大力提升电力负荷弹性
	减少能源产业碳足迹	推进化石能源开发生产环节碳减排
		促进能源加工储运环节提效降碳
		推动能源产业和生态治理协同发展
	更大力度强化节能降碳	完善能耗"双控"与碳排放控制制度
		大力推动煤炭清洁高效利用
		实施重点行业领域节能降碳行动
		提升终端用能低碳化电气化水平
		实施绿色低碳全民行动
优化能源发展布局	统筹提升区域能源发展水平	推进西部清洁能源基地绿色高效开发
		提升东部和中部地区能源清洁低碳发展水平
	积极推动乡村能源变革	加强乡村清洁能源保障
		实施乡村减污降碳行动

从表5-1可以看出,煤炭行业转型主要体现在发展非化石能源,发展新型电力系统,节能降碳等方面。此外,党的二十大报告明确指出,推进生态文明建设必须将降碳、减污、扩绿、增长这四个方面作为核心任务,予以高度重视并全力推进。这些举措不仅是促进生态环境质量持续改善的关键,更是推进经济社会全面绿色低碳转型、实现高质量发展的重要路径。除此,我国要立足以煤为主的基本国情,推动煤炭行业转型发展,着力实现煤炭安全、高效、绿色、智能化开采,清洁、高效、低碳、集约化利用。

基于煤炭行业转型发展目标及利益相关主体中,构建了转型机制模型,将煤炭行业转型发展视为一个复杂的系统,其内部要素的变化产生了压力并引起了系统状态的变化,具体为经济、环境和资源这三个子系统的状态。依托第四章对煤炭行业转型机制中三个子系统的分析和上述对煤炭行业转型目标的分析,并在参考相关文献的基础上,遵循合理性、独立性、可比性和可行性原则,构建了煤炭行业转型发展指标体系,具体内容如表5-2所示。

(1)经济支撑维度(B1)。作为世界上最大的煤炭生产国和煤炭消费国,煤炭支撑着中国经济社会的发展,煤炭行业所处的经济环境将会影响煤炭行业的转型发展方向。经济是支撑其他方面的基础,该维度将从三个方面衡量:人均地区生产总值(C1)、一般公共预算收入(C2)和煤炭采选业投资增速(C3)。

(2)安全保障维度(B2)。中国以煤为主的能源结构短期内难以改变,未来很长一段时间里煤炭仍然是保障中国能源安全和供应的主体能源。安全保障方面就是指在我国现有煤炭资源形势下,保障能源安全的能力,具体指标有:能源自给率(C4)、非碳能源消费在总能源中的份额(C5)和煤炭价格指数增长率(C6)。

(3)环境保护维度(B3)。目前,中国已成为世界上最大温室气体排放国,每年由煤炭消费产生的碳排放量占总碳排放量的70%左右。温室气体的大量排放导致平均气温逐年上升,每一个行业都是环境保护的主体和重要参与者。环境保护方面由以下三个方面来衡量:森林覆盖率(C7)、煤炭行业三废排放量(C8)和煤炭行业污染治理完成投资额(C9)。

(4)技术创新维度(B4)。智能化建设是煤炭行业未来发展趋势,提高煤炭行业的技术水平,是加快煤炭行业转型发展的关键。这个维度包括三个指标,分别为:煤炭清洁高效利用专利数(C10)、科研经费支出占GDP的比例(C11)和一般公共预算支出中科技占比(C12)。

(5)产业转移维度(B5)。我国大力推动煤炭企业兼并重组,以优化资源配置,行业集中度不断提升,以推动煤炭行业转型发展。受我国地区开采条件及煤炭资源禀赋的限制,煤炭产业的转移将会推动煤炭行业的转型发展。产业转移能力可由以下指标反映:区位商(C13)和产业开放度(C14)。

(6)资源利用维度(B6)。煤炭行业作为我国传统能源行业,要走清洁高效利用资源之路,持续降低能耗和碳排放水平,该维度包括万元增加值综合能耗(C15)、单位GDP能耗(C16)和煤炭产业万元增加值综合能耗(C17)这三个指标。

表 5-2 煤炭行业转型发展指标体系

一级指标	二级指标	单位	计算公式	属性
经济支撑维度	人均地区生产总值	元	地区生产总值/总人口	正
	一般公共预算收入	亿元	–	正
	煤炭采选业投资增速	%	–	正
安全保障维度	能源自给率	%	总能源生产/总能源消费	正
	非碳能源消费在总能源中的份额	%	非碳能源消费/总能源消费	正
	煤炭价格指数增长率	%	–	正
环境保护维度	森林覆盖率	%	–	正
	煤炭行业三废排放量	万吨	固废、水废、气废	负
	煤炭行业污染治理完成投资额	万元	–	正
技术创新维度	煤炭清洁高效利用专利数	个	–	正
	科研经费支出占 GDP 的比例	%	科研经费支出/GDP	正
	一般公共预算支出中科技占比	%	科技支出/一般公共预算支出	正
产业转移维度	区位商	%	某区域煤炭行业就业人员数与该区域全部行业就业人员数之比/全国该行业从业人员数与全国所有行业就业人员数之比	正
	产业开放度	%	外省调入量/原煤产量	正
资源利用维度	万元增加值综合能耗	吨标准煤/万元	能源消耗总量/工业增加值	负
	单位 GDP 能耗	吨标准煤/万元	能源消耗总量/国内（地区）生产总值	负
	煤炭产业万元增加值综合能耗	吨标准煤/万元	煤炭产业能源消耗总量/煤炭产业增加值	负

第二节 研究方法与数据来源

一、研究方法

(一)煤炭行业转型指数的评估方法

1.投影寻踪模型

投影寻踪模型的基本原理是能够将非线性高维数据以一定的组合投射,使其低维向量的投影值来反映样本数据的结构或特性,投影方向可以体现不同高维数据的结构或特征。主要步骤如下:

步骤1 数据预处理

由于构建的评价指标量纲上存在差异,因此需要对原始数据进行标准化处理。

正向指标正向化处理公式:

$$x(i,j) = \frac{x^*(i,j) - x_{min}(j)}{x_{max}(j) - x_{min}(j)} \tag{5.1}$$

逆向指标逆向化处理公式:

$$x(i,j) = \frac{x_{max}(j) - x^*(i,j)}{x_{max}(j) - x_{min}(j)} \tag{5.2}$$

其中,$x_{max}(j)$、$x_{min}(j)$ 分别为第 j 个指标的最大值和最小值,$x(i,j)$ 为标准化后的指标。

步骤2 投影指标函数的构造

投影寻踪模型将 P 维数据 $\{x(i,j) \mid j = 1,2,\cdots,p\}$ 进行投影,形成 $a = \{a(1),a(2),a(3),\cdots,a(p)\}$ 的最佳投影方向,并求出投影值 $z(i)$。

$$z(i) = \sum_{j=1}^{p} a(j)x(i,j), i = 1,2,\cdots,n \tag{5.3}$$

a 为单位长度向量,投影指标函数可表达为:

$$Q(a) = S_z D_z \tag{5.4}$$

其中,投影值 $Z(i)$ 的局部密度为 D_z,标准差为 S_z,即

$$S_z = \sqrt{\frac{\sum_{i=1}^{n} (z(i) - E(z))^2}{n-1}} \tag{5.5}$$

$$D_z = \sum_{i=1}^{n} \sum_{j=1}^{n} (R - r(i,j)) \times u(R - r(i,j)) \qquad (5.6)$$

$u(t)$ 为单位阶跃函数，$u(t) = \begin{cases} 1, t \geq 0 \\ 0, t \leq 0; \end{cases}$ $r(i,j)$ 为样本之间的距离，$r(i,j) =$

$|Z(i) - Z(j)|$；R 为局部密度的半径，一般取值为 $r_{max} + \dfrac{p}{2} \leq R \leq 2p$。

步骤 3 优化投影指标函数

根据设定的约束条件，使投影目标函数最大化，从而求出最佳投影方向向量。

目标函数最大化

$$MaxQ(a) = S_z D_z \qquad (5.7)$$

约束条件

$$s.t. \sum_{i=1}^{p} aA^2(i) = 1 \qquad (5.8)$$

步骤 4 计算投影值

在第三步的基础上，将最佳投影方向向量 aA^* 乘以标准化后的指标值 $x(i,j)$，然后累加乘积，得出各个样本的最佳投影值 Z_i^*，即为煤炭行业转型发展水平值。投影值越大说明煤炭行业转型发展水平越高。最佳投影方向的求解是一个复杂的非线性优化问题，本文采用加速遗传算法进行求解，该方法寻优性能强，以实现高维度全局寻优。

$$Z_i^* = \sum_{j=1}^{n} aA_j^* \times x(i,j) \qquad (5.9)$$

2. 加速遗传算法

加速遗传算法(Accelerated Genetic Algorithm, AGA)是一种改进的遗传算法，旨在提高搜索速度和优化性能。其核心思想是通过引入加速运算符来增强传统遗传算法的局部搜索能力和全局搜索能力，从而提升算法的整体效率和精度。基本步骤概述如下：

步骤 1 初始化种群

随机生成初始种群，每个个体由一组染色体表示。染色体的编码方式可以是二进制编码、实数编码或其他形式。初始种群的数量通常设为 M，个体数 N 通常小于 M。

步骤 2 适应度评估

对每个个体进行适应度评估，计算其目标函数值。适应度函数用于衡量个体的优劣，通常与问题的优化目标相关。适应度函数用于计算个体的适应度值，公式如下：

$$f(x) = \sum_{i=1}^{n} w_i \cdot f_i(x) \qquad (5.10)$$

其中，$f_i(x)$ 是第 i 个目标函数值，w_i 是对应的权重系数。

步骤 3 选择操作

根据适应度值选择优秀的个体作为父母，常用的选择方法包括轮盘赌选择、锦标赛选择等。使用轮盘赌选择机制时，选择概率公式为：

$$P_i = \frac{f_i}{\sum_{j=1}^{n} f_j} \tag{5.11}$$

其中，P_i 是个体 i 的选择概率，f_i 是个体 i 的适应度值。

步骤 4 交叉操作

将选定的父母个体进行交叉操作，生成新的后代个体。常用的交叉方法有单点交叉、多点交叉、BLX-α 交叉等。交叉概率公式为：

$$P_c = 0.5 + 0.5 \cdot \frac{TSTT(Parent1) - TSTT(Parent2)}{TSTT(100\% Singnals) - TSTT(100\% TBRs)} \tag{5.12}$$

其中，$TSTT$ 表示网络不同方向上的传输时间差异。

步骤 5 变异操作

对后代个体进行变异操作，以增加种群的多样性。变异操作包括基因翻转、基因替换等。变异概率通常设置为较低值，如 0.7%，以保持遗传多样性。

步骤 6 加速运算符

引入加速运算符，如变步长策略和二进制搜索算法，以增强局部搜索能力。加速运算符可以显著提高算法的收敛速度和稳定性。

步骤 7 终止条件

当满足终止条件时（如达到最大迭代次数或适应度值收敛），算法停止运行，输出最优解。

加速遗传算法通过引入加速运算符和并行化策略，可以有效提高传统遗传算法的搜索速度和优化性能。其关键步骤包括初始化种群、适应度评估、选择、交叉、变异以及终止条件判断。通过并行化策略，如 CUDA 并行计算、多核处理器并行计算等，将计算密集型部分分配到 GPU 上运行，可以充分利用并行计算能力，显著提高算法的执行效率和收敛速度加速遗传算法，能够更好地应对大规模数据和复杂优化问题。利用加速遗传算法求解投影寻踪模型，相较于传统算法，具有高效、灵活和强大的复杂问题适应能力等优势，使其在多个领域都具有广泛的应用前景。

（二）煤炭行业转型指数的空间分析方法

1. 自然断点法

自然断点法是一种基于数据分布特征的分类方法，它通过将数据分成多个类别来揭示数据的内在结构和规律。这种方法的核心思想是最小化类内方差、最大化类间方差，即使每个类别内部的差异尽可能小，同时类别之间的差异尽可能大。自然断点法的应用非常广泛,例如在地理信息系统(GIS)中用于地图制作和区域划分,在统计分析中用于数据分组和聚类分析,以及在数据可视化中用于展示数据的分布特征等。本研究使用 ArcGIS 绘制地图时,利用自然断点法对不同数据进行分类,使数据清晰呈现。

2. 探索性空间数据分析法

探索性空间数据分析(Exploratory Spatial Data Analysis,简称 ESDA)方法,用来判断地区间的空间相关性是否存在。该方法主要用来描述数据的空间分布并使数据得以可视化。利用 ESDA 方法对全局空间以及局部空间的自相关进行分析,检验和度量 23 个省份的空间关联模式及煤炭行业转型指数的空间分布特征。

空间分析法在本研究主要体现在两方面:一方面是根据 ArcGIS10.7 软件中的自然断点法将各省份 2011、2014、2017、2021 四年的煤炭行业转型指数进行可视化,以更直观地观察各省在地域差异和在时间序列上的变化特征;另一方面,利用 Geoda 软件创建权重,Stata 绘制 Lisa 散点图,将各省份局部莫兰散点图的分布特征划分为 4 个象限,分别为第一象限(H-H)、第二象限(L-H)、第三象限(L-L)、第四象限(H-L)。

(1)空间权重矩阵。构建空间权重矩阵是进行空间分析的前提,本研究采用邻接矩阵来衡量 23 个省份之间的空间关系矩阵。

空间权重矩阵 W 的表达式如下,其中 W_{ij} 代表空间权重系数:

$$W_{ij} = \begin{bmatrix} W_{11} & \cdots & W_{1n} \\ \cdots & \ddots & \cdots \\ W_{n1} & \cdots & W_{nn} \end{bmatrix} \tag{5.13}$$

基于地理邻近概念的空间权重矩阵中 W_{ij} 定义为:

$$W_{ij} = \begin{cases} 1, 区域 \ i \ 与区域 \ j \ 相邻 \\ 0, 书版无字符:0x2942 \ 区域 \ i \ 与区域 \ j \ 不相邻 \end{cases} \quad i = 1,2,\cdots,n; j = 1,2,\cdots,n; \tag{5.14}$$

也可以直接以单位间的距离倒数作为空间权重矩阵:

$$W_{ij} = \frac{1}{d_{ij}} \tag{5.15}$$

$$d_{ij} = \arccos\left[(\sin\varphi_i \times \sin\varphi_j) + (\cos\varphi_i \times \cos\varphi_j \times \cos(\Delta\tau))\right] \times R \tag{5.16}$$

以上公式中,φ_i 和 φ_j 分别表示某个区域(地理几何中心或者政府所在地)的纬度和经度;$\Delta\tau$ 为两个区域之间的经度差值;R 为地球半径,等于 3958.761 英里。

在实际应用中,常对空间权重矩阵进行标准化。其中空间权重矩阵的对角元素设为 0,且 $d_{ij} = d_{ji}$。

（2）空间自相关检验

1）全局莫兰指数：空间自相关模型是通过全局空间自相关和局部空间自相关来分析事物空间关联性及差异的空间分析方法。运用全局 Moran's I 方法，对中国煤炭产业的转型发展程度进行总体空间关联分析，该关联范围为 $[-1,1]$。当 Moran's I 在 $[-1,0)$ 范围内时，说明煤炭产业的转型发展水平具有负向的空间相关性。如果 Moran's I 介于 $(0,1]$ 之间，则表明煤炭行业转型发展水平空间相关性为正向。若 Moran's I 等于 0，则表明煤炭行业转型发展水平在空间上不存在相关性。其公式如下：

$$I = \frac{\sum_{i=1}^{n} \sum_{j=1}^{n} w_{i,j}(x_i - \bar{x})(x_j - \bar{x})}{S^2 \sum_{i=1}^{n} \sum_{j=1}^{n} w_{i,j}} \tag{5.17}$$

其中，I 为全局莫兰指数，n 表示省份数量，$w_{i,j}$ 表示空间权重，x_i 和 x_j 表示区域 i 和 j 的属性，$\bar{x}$ 为研究对象的平均值，以及 S^2 表示属性值的方差。

2）局部莫兰指数：与全局莫兰指数不同，局部莫兰指数主要研究区域与邻近区域的空间联系，并通过对比各个区域和邻近区域的特征值的差别，从而揭示区域的局域空间自相关特征。这种方法在探测局部空间聚类和异常值方面具有独特的优势，因此在疾病传播、犯罪分析、城市规划等领域得到了广泛的应用。局部莫兰指数的计算同样基于空间权重矩阵和属性值矩阵，但可以得到每个地区的局部莫兰指数值。根据局部莫兰指数的值，可以将地区分为高-高聚集、低-低聚集、高-低异常和低-高异常四种类型。局部莫兰指数用于识别局部空间聚集和异常值。

局部空间自相关可以体现某个区域与其邻近区域的相似程度，为分析煤炭行业转型的空间关联及差异程度进一步采用局部空间自相关方法。其计算公式为：

$$I' = \frac{\left[n(x_i - \bar{x}) \sum_{j=1}^{n} W_{ij}(x_j - \bar{x}) \right]}{\sum_{i=1}^{n} (x_i - \bar{x})^2} \tag{5.18}$$

式中：I' 为局部莫兰指数，其他字母表示与上述相同。其中 $I' > 0$，表示研究区域相似单元趋于集聚，$I' < 0$，表示研究区域相似单元趋于分散。

其次，还需要对 Moran's I 指数进 Z 检验，Z 值计算公式如下：

$$Z = \frac{Moran'sI - E(I)}{\sqrt{Var}} \tag{5.19}$$

$$E(I) = \frac{-1}{N-1}, \quad Var(I) = E(I^2) - E(I)^2 \tag{5.20}$$

当 Z 在 5% 显著性水平下大于 1.96 时，说明相邻省区的属性值相近，反之，则说明各省之间没有明显的空间关联。本研究对 23 个省份的原始数据进行全局和局部莫兰指数检验。

二、研究区域与数据来源

北京市、天津市、上海市、浙江省、广东省、海南省和西藏自治区没有煤炭开采和洗选业，在数据可获得性的基础上，我们剔除上述这些省、区的数据，将其余23个省市分为东部、中部和西部三个主要地区。具体划分情况如表5-3所示。

表5-3　中国23个省市区域划分情况

区域	省市	区域	省市
东部	河北省	西部	四川省
	辽宁省		贵州省
	江苏省		云南省
	福建省		陕西省
	山东省		甘肃省
中部	山西省		青海省
	安徽省		宁夏回族自治区
	江西省		新疆维吾尔自治区
	黑龙江省		广西壮族自治区
	河南省		内蒙古自治区
	湖北省		
	湖南省		
	吉林省		

本文以上述地区的煤炭行业为研究对象，选择2011—2021年的面板数据对其进行实证分析。本文所用数据来自《中国统计年鉴》《中国能源统计年鉴》《中国人口和就业统计年鉴》《中国工业统计年鉴》《中国社会统计年鉴》《中国教育经费统计年鉴》《中国科技统计年鉴》等相关资料，以及各省（自治区、直辖市）统计年鉴、统计公报等煤炭开采和洗选业的相关数据。煤炭清洁高效利用专利数指标的数据来源于重点产业专利信息服务平台。对于只统计了工业"三废"排放量而未统计煤炭行业"三废"排放量的省份，学界一般采用煤炭产业产值/产业产值的换算系数，然后将其与"三废"排放量相乘，从而测算出煤炭产业"三废"的排放量，煤炭行业污染治理完成投资额同样采用这种算法。由于一些地区存在数据的缺失，一些省份煤炭产业增加值这一指标无法获取，因此，本文选取煤炭开采和洗选业的主营业务收入来替代煤炭产业增加值。采用线性插值法对因未公布而缺少的数据进行填补。由于插值法填补的山东省2011—2012年煤炭产业万元增加值综合能耗为负值，则用近三年的平均值进行填补。

第三节　煤炭行业转型发展评价结果分析

本书应用加速遗传算法求解投影寻踪模型,采用 MATLAB2021 编程处理数据,种群规模 $N = 400$,交叉概率 $P_c = 0.8$,变异概率 $P_m = 0.2$,优化变量维数 $n = 17$,变异方向所需随机数(最大迭代次数)$M = 10$,加速次数为 20。可以得出各个指标的最佳投影方向 $aA^* = (0.2515, 0.3602, 0.1000, 0.0620, 0.1512, 0.2502, 0.1674, 0.3477, 0.0343, 0.2766, 0.2262, 0.2106, 0.0515, 0.2322, 0.3566, 0.4159, 0.1699)$,其表示的是各个指标的权重。通过这种基于加速遗传算法的投影寻踪模型,可以有效地确定各指标的权重,为本研究的决策提供有力支持。在煤炭行业转型发展过程中,评价指标的重要程度按从大到小的顺序依次为单位 GDP 能耗、一般公共预算收入、万元增加值综合能耗、煤炭行业三废排放量、煤炭清洁高效利用专利数、人均 GDP、煤炭价格指数增长率、产业开放度、科研经费支出占 GDP 的比例、一般公共预算支出中科技占比、煤炭产业万元产值能耗、森林覆盖率、非碳能源消费在总能源中的份额、煤炭采选业投资增速、能源自给率、区位商、煤炭行业污染治理完成投资额,其结果如图 5-1 所示。

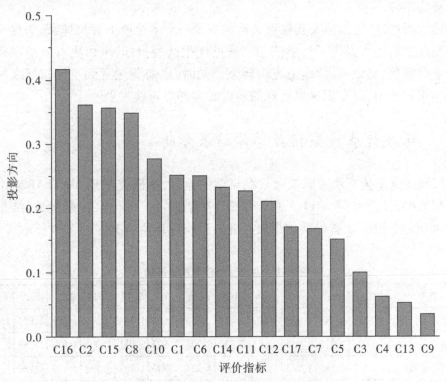

图 5-1　各个评价指标投影方向排序

这些权重值反映了各指标对煤炭行业转型发展评价结果的影响程度。例如,单位 GDP 能耗指标的权重最高,高达 0.4159,说明在煤炭行业转型中,提高能源使用效率、降低单位 GDP 的能耗影响程度最大,且单位 GDP 能耗直接关系到煤炭行业的绿色转型和可持续发展能力,是节能减排政策的重要着力点。一般公共预算收入指标(权重 0.3602)、万元增加值综合能耗指标(权重 0.3566)、产业开放度指标(权重 0.3477)紧随其后,权重值均在 0.3 以上,这三个指标对煤炭行业转型发展影响也较大,且分别从财政支撑、能效提升和绿色转型、国际合作与竞争等方面对煤炭行业的转型发展产生深远影响。通过合理调节一般公共预算收入、万元增加值综合能耗、产业开放度指标三个关键指标,有助于推动煤炭行业向更加绿色、高效、可持续的方向发展,这是促进煤炭行业转型升级的重要途径。相反,一些指标如能源自给率(权重 0.0620)、区位商(权重 0.0515)和煤炭行业污染治理完成投资额(权重 0.0343)的权重值较低,均低于 0.1,说明这些指标在评价中的影响较小。虽然权重不高,但这些指标的高低对于制定区域煤炭行业转型策略仍具有参考价值。如提高能源自给率可以减少对外部能源的依赖,增强行业的抗风险能力,能源自给自足对于煤炭行业的能源安全和稳定发展仍具有一定意义。煤炭行业污染治理完成投资额指标权重最低,但并不意味着污染治理不重要。这一指标反映了煤炭行业在环境保护和污染治理方面的实际投入,虽然权重不高,但持续的污染治理投入是煤炭行业实现绿色转型的重要条件。

综上所述,这些指标及其权重共同构成了一个多维度的评价体系,为煤炭行业转型发展的决策提供了科学依据。通过优化这些指标,可以更有效地推动煤炭行业向绿色、高效、可持续的方向转型。同时,也需要注意到不同指标之间的相互作用和平衡,以实现煤炭行业的全面转型和可持续发展。

一、煤炭行业转型指数总体结果分析

根据加速遗传算法求解投影寻踪模型的原理,本研究采用 MATLAB2021 编程处理数据,计算可得 2011—2021 年 23 个省份的煤炭行业转型指数,结果如表 5-4 所示,全国 23 省份整体煤炭行业转型指数均值情况如图 5-2 所示。

表 5-4 煤炭行业转型发展指数

省份	2011	2012	2013	2014	2015	2016	2017	2018	2019	2020	2021	均值
河北省	1.316	1.332	1.360	1.422	1.412	1.485	1.605	1.545	1.536	1.546	1.671	1.476
山西省	1.093	1.056	0.913	0.903	0.832	0.794	1.027	1.031	1.006	1.037	1.284	0.998
内蒙古自治区	1.187	1.186	1.243	1.305	1.269	1.274	1.206	1.139	1.108	1.113	1.286	1.211

省份	2011	2012	2013	2014	2015	2016	2017	2018	2019	2020	2021	均值
辽宁省	1.546	1.576	1.616	1.639	1.568	1.459	1.541	1.575	1.540	1.527	1.680	1.570
吉林省	1.490	1.505	1.521	1.497	1.521	1.545	1.627	1.561	1.531	1.529	1.590	1.538
黑龙江省	1.430	1.452	1.494	1.466	1.448	1.460	1.543	1.530	1.487	1.493	1.588	1.490
江苏省	1.841	1.916	1.962	2.033	2.062	2.256	2.320	2.329	2.356	2.352	2.729	2.196
安徽省	1.529	1.546	1.541	1.577	1.600	1.803	1.888	1.868	1.916	1.908	2.045	1.747
福建省	1.690	1.685	1.715	1.730	1.756	1.790	1.892	1.939	1.917	1.938	2.061	1.828
江西省	1.537	1.535	1.556	1.595	1.599	1.670	1.806	1.761	1.770	1.851	1.990	1.697
山东省	1.540	1.574	1.666	1.662	1.633	1.624	1.876	1.804	1.858	1.908	2.048	1.745
河南省	1.447	1.447	1.502	1.531	1.533	1.612	1.768	1.738	1.770	1.789	1.934	1.643
湖北省	1.663	1.653	1.611	1.681	1.721	1.759	1.899	1.934	1.989	1.935	2.086	1.812
湖南省	1.641	1.651	1.640	1.691	1.694	1.700	1.788	1.809	1.827	1.872	1.985	1.754
广西壮族自治区	1.564	1.548	1.542	1.568	1.609	1.580	1.649	1.588	1.599	1.584	1.684	1.592
四川省	1.508	1.531	1.530	1.580	1.596	1.637	1.756	1.743	1.745	1.762	1.908	1.663
贵州省	1.202	1.233	1.281	1.367	1.393	1.435	1.573	1.593	1.604	1.598	1.635	1.447
云南省	1.536	1.544	1.553	1.570	1.589	1.572	1.640	1.638	1.671	1.673	1.746	1.612
陕西省	1.602	1.597	1.578	1.566	1.528	1.596	1.731	1.733	1.762	1.884	2.246	1.711
甘肃省	1.243	1.230	1.197	1.204	1.173	1.183	1.264	1.299	1.301	1.301	1.387	1.253
青海省	1.156	1.131	1.101	1.162	1.135	1.158	1.286	1.207	1.148	1.289	1.366	1.194
宁夏回族自治区	0.823	0.916	0.926	0.958	0.926	0.992	1.158	1.068	1.029	1.006	1.198	1.000
新疆维吾尔自治区	1.346	1.338	1.324	1.338	1.271	1.263	1.363	1.377	1.394	1.355	1.456	1.348
整体均值	1.432	1.443	1.451	1.480	1.473	1.506	1.618	1.600	1.603	1.620	1.765	1.545

从全国 23 个省份整体层面来看,煤炭行业转型指数经历了一个先上升再平稳后上升的过程,煤炭行业转型指数虽有一定波动但整体呈现稳步上升趋势。2011—2021 年,23 省份的煤炭行业转型指数均值为 1.545,从 2011 年的 1.432 增长到 2021 年的 1.765,年均增速约为 2.1%,煤炭行业转型指数虽整体不高,但总体呈逐步上升态势。其中,2016 年和 2017 年,多数省份煤炭行业转型发展指数持续上升,煤炭行业转型指数均值从 2015 年的 1.473 提升到 2017 年的 1.618,增速约为 7.3%。这主要是由于安全保障方面的提升,自"十三五"期间的"煤改气"政策改善了能源结构,导致 2017 年能源安全的显著提高。并且 2017 年煤炭行业优质产能加速释放,原煤生产恢复性增长,这是自 2014 年以后的首次正增长,煤炭行业转型发展指数也因此而快速上升。其中,煤炭供应能

第五章 "双碳"目标下煤炭行业转型发展的测度

力的增强,保障了能源安全;煤炭清洁高效生产和利用水平的提高,绿色开采技术取得了成效,得到了推广;煤炭行业科技创新驱动发展能力增强,技术创新体系在不断健全完善。这些因素都对我国煤炭行业转型指数产生了一定的影响,促进煤炭行业转型升级,健康发展。

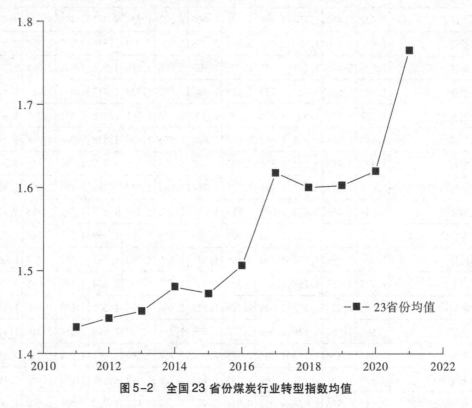

图 5-2　全国 23 省份煤炭行业转型指数均值

从省域层面来看,2011—2021 年间,江苏省的煤炭行业转型指数均值在所有省份中排名第一,其均值高达 2.196,这表明该省在过去的 11 年里在推动煤炭行业转型升级方面效果显著。山西省的煤炭行业转型指数均值相对较低,仅为 0.998,表明山西省在实现煤炭行业转型发展过程中面临着更多的困难和挑战。2011—2021 年间 23 个省、区中,江苏省在煤炭行业转型发展方面取得了显著成效,在 2021 年转型指数值最高,达到 2.729,这充分反映出该省份在推进煤炭行业绿色发展、优化煤炭行业结构布局以及加强政策支持和引导等方面的积极努力和取得的实质性进展。相比之下,山西省在煤炭行业转型方面的表现则略显不足。2016 年,山西省的煤炭行业转型指数达到最低值,仅为 0.794。这一结果反映出山西省在推进煤炭行业转型过程中面临的一些挑战或不足之处。山西省在煤炭行业转型中对传统煤炭产业过度依赖,导致转型升级难度较大;绿色发展和环境保护意识相对滞后,影响了煤炭行业的可持续发展。相较于其他省份在煤炭行业转型方面的积极进展,山西省在政策支持、技术创新、绿色发展以及产业结构优化等方面还有较大的提升空间。为了推动煤炭行业的转型升级,山西省需要采取更加有力的措施,加强政策引导和支持,推动技术创新和绿色发展,优化产业结构布局,以实现煤炭行业的可持续发展。总之,江苏省和山西省在煤炭行业转型方面的表现形成了鲜明的对比。江苏省的成功经验为其他省份提供了有益的借鉴,而山西省则需要在政策、技术、环保和产业结构等方面加大力度,以推动煤炭行业的转型升级和可持续发展。

二、煤炭行业转型指数总体分维度结果分析

煤炭行业作为能源领域的重要组成部分,其转型发展的进程对于国家能源安全、环境保护以及经济社会的可持续发展具有重要意义。近年来,随着国家对能源结构的调整和对环境保护的重视,煤炭行业面临着前所未有的转型压力。本研究基于经济支撑、安全保障、环境保护、技术创新、产业转移和资源利用6个维度,分别从时间和省份层面上对煤炭行业转型发展指数进行深入分析,旨在揭示煤炭行业转型发展的效果与趋势,为煤炭行业的转型发展提供决策指导。

(一)煤炭行业转型指数分维度时间结果分析

我国23个省份煤炭行业转型指数分维度时间结果分析如表5-5所示,可以看出在过去的11年间,煤炭行业转型指数在各个维度上都呈现出整体上升的趋势,这表明煤炭行业在转型过程中取得了一定的进展,特别是在经济支撑、技术创新和资源利用方面,呈逐年稳步上升趋势。

表5-5　煤炭行业转型指数分维度时间结果分析

时间	经济支撑	安全保障	环境保护	技术创新	产业转移	资源利用
2011	0.10923	0.09237	0.39625	0.09203	0.00724	0.73465
2012	0.12227	0.07513	0.39465	0.09753	0.00716	0.74606
2013	0.13432	0.05701	0.39841	0.10347	0.00705	0.75071
2014	0.14759	0.06747	0.40598	0.09748	0.00718	0.75461
2015	0.15342	0.05371	0.40551	0.10039	0.00741	0.75212
2016	0.16018	0.07540	0.40146	0.10966	0.00797	0.75173
2017	0.17476	0.14700	0.39883	0.12495	0.00874	0.76331
2018	0.19176	0.09520	0.40075	0.13938	0.01063	0.76257
2019	0.19967	0.08765	0.39892	0.14018	0.01619	0.76029
2020	0.20517	0.07301	0.40440	0.15705	0.01572	0.76420
2021	0.23287	0.15469	0.39898	0.17624	0.02021	0.78241

表 5-5 详细记录了煤炭行业在过去 11 年间,特别是在经济支撑、技术创新、资源利用、安全保障、环境保护以及产业转移这 6 个维度上的转型进展。这些数据不仅展示了煤炭行业在转型道路上的不懈努力,也映射出行业面临的种种挑战与未来发展方向。

在经济支撑维度上,煤炭行业转型指数从 2011 年的 0.10923 显著增长至 2021 年的 0.23287,这一增长不仅意味着煤炭行业在经济基础方面的强化,更反映了其财务稳健性的提升。这背后,是煤炭行业内部结构的深刻调整与优化。企业通过延伸产业链,实现上下游的紧密联动,有效提升了资源利用效率,降低了运营成本。同时,多元化经营策略的实施,为煤炭行业开辟了新的增长点,降低了对单一煤炭产品的依赖,增强了行业的市场适应性和抗风险能力。特别是在全球经济波动加剧的背景下,煤炭行业能够迅速调整经营策略,保持经济运行的稳定性,这无疑是行业转型过程中的一大亮点。

技术创新维度的显著增长,更是煤炭行业转型升级的重要标志。从 2011 年的 0.09203 到 2021 年的 0.17624,转型指数的提升见证了煤炭行业在技术研发和创新方面的持续投入与显著成果。企业不仅引进国际先进技术,还加大自主研发力度,推动煤炭开采、加工、利用等环节的智能化、绿色化改造。例如,智能化开采技术的应用,不仅大幅提高了生产效率,还有效降低了工人劳动强度,保障了安全生产。在节能减排方面,煤炭行业积极探索清洁高效利用技术,减少污染物排放,为构建绿色低碳的能源体系贡献力量。这些技术创新不仅提升了煤炭行业的竞争力,更为行业的可持续发展奠定了坚实基础。

资源利用维度的微弱上升趋势,虽不如其他维度显著,但也应得到重视。从 2011 年的 0.73465 到 2021 年的 0.78241,这一增长反映了煤炭行业在资源综合利用技术方面的持续努力。通过研发和应用新技术,煤炭行业提高了煤炭资源的回收率和利用率,减少了资源浪费。同时,国家政策的引导和支持,如资源税改革、资源循环利用体系建设等,也为煤炭行业资源利用水平的提升创造了有利条件。然而,资源枯竭、利用效率不高等问题依然严峻,煤炭行业需继续深化资源节约和高效利用工作,推动行业向更加可持续的方向发展。

安全保障维度的波动性,反映了煤炭行业在保障能源安全供应方面面临的复杂形势。由于中国的能源结构目前还是以煤为主,短期内难以发生改变,煤炭仍将是保障中国能源安全和供应的主要能源。在中国现有资源形势下,煤炭行业应具备有效保障能源安全的能力。在全球经济低迷、煤炭需求下降的背景下,煤炭企业盈利能力下降,安全投入减少,导致安全生产形势一度严峻。但近年来,我国煤炭产量持续增长,反映了我国煤炭行业的持续稳定发展和强大生产能力。"十四五"时期以来,全国新增煤炭产能约 6 亿吨/年。同时,一大批现代化煤矿和智能化煤矿加快建设,先进产能比重大幅提高,使得煤炭的供应能力显著增强。未来,需要继续加强煤炭资源的合理利用与保护,使煤炭行业在保障中国能源安全方面发挥更加积极的作用。

环境保护维度的微弱上升趋势,虽然增长幅度不大,但体现了煤炭行业在环境保护方面的积极努力。从2011年的0.39625到2021年的0.39898,这一变化说明了煤炭行业在清洁取暖改造、智能化开采技术推广以及生态修复与治理等方面的积极探索。然而,随着国家对环境保护要求的不断提高和人民群众环保意识的增强,煤炭行业在环境保护方面的压力日益增大。未来,煤炭行业需继续加大环境保护投入,推动技术创新和产业升级,实现绿色发展。

产业转移维度的缓慢增长,虽然起点低且面临诸多挑战,但仍是煤炭行业转型升级的重要方向。从2011年的0.00724到2021年的0.02021,这一增长反映了煤炭行业在产业结构调整、新兴产业发展方面的积极探索。然而,产业转移过程中存在的产业结构调整难度大、新兴产业发展缓慢、劳动力市场变化等问题,仍需煤炭行业持续努力。未来,煤炭行业应继续加大产业转移力度,通过政策引导、资金支持和市场拓展等措施,推动产业结构的优化升级和新兴产业的发展壮大,实现更加全面和可持续的转型。

综上所述,过去11年间,煤炭行业在转型发展过程中取得了显著进展,但面对日益严峻的环境保护压力和能源结构调整的挑战,煤炭行业仍需进一步加强转型发展的力度和深度。未来,煤炭行业应继续秉承绿色发展理念,加强技术创新和产业升级,推动资源的节约和高效利用,强化安全生产与环保工作,促进行业的绿色发展与可持续发展。与此同时,政府及全社会都要加大对煤炭行业转型发展的扶持力度,促进煤炭行业转型升级,保障我国能源安全。

(二)煤炭行业转型指数分维度省份结果分析

我国23个省份煤炭行业转型指数分维度省份结果分析如表5-6所示。对于23个省份整体来说,在资源利用维度下,煤炭行业转型指数值最高,达到0.75661,环境保护维度次之;在安全保障维度下转型指数值最低,仅为0.01050,这表明我国煤炭行业在产业转移和结构调整方面进展缓慢。随着国家能源结构的调整和新能源的发展,煤炭行业应积极探索转型升级路径,推动产业向高端化、智能化、绿色化方向发展。

表5-6 煤炭行业转型指数分维度省份结果分析

省份	经济支撑	安全保障	环境保护	技术创新	产业转移	资源利用
河北省	0.17146	0.08561	0.37465	0.08454	0.00590	0.75356
山西省	0.13152	0.07196	0.14790	0.14174	0.03899	0.46561
内蒙古自治区	0.18861	0.10465	0.29105	0.04788	0.01006	0.56850
辽宁省	0.19540	0.06984	0.43268	0.12827	0.00593	0.73756

省份	经济支撑	安全保障	环境保护	技术创新	产业转移	资源利用
吉林省	0.12241	0.07114	0.44344	0.08868	0.00591	0.80641
黑龙江省	0.10380	0.07056	0.44678	0.11819	0.00863	0.74215
江苏省	0.47066	0.09993	0.37423	0.36411	0.01309	0.87393
安徽省	0.16146	0.08689	0.40220	0.25843	0.00562	0.83279
福建省	0.23933	0.09252	0.51121	0.09952	0.00303	0.88284
江西省	0.13958	0.10098	0.49553	0.09307	0.00661	0.86142
山东省	0.31614	0.07085	0.37177	0.21828	0.00621	0.76176
河南省	0.18386	0.08757	0.38395	0.13467	0.00613	0.84675
湖北省	0.19226	0.08093	0.43499	0.18000	0.06060	0.86305
湖南省	0.16638	0.08588	0.46208	0.12217	0.00406	0.91369
广西壮族自治区	0.10821	0.09629	0.48810	0.05935	0.00777	0.83268
四川省	0.19224	0.10176	0.42714	0.09798	0.00282	0.84135
贵州省	0.10739	0.08246	0.42101	0.07473	0.00818	0.75300
云南省	0.11692	0.09696	0.46352	0.04833	0.00329	0.88305
陕西省	0.16327	0.09902	0.42822	0.22828	0.00638	0.78608
甘肃省	0.06430	0.08796	0.36293	0.04155	0.00444	0.69186
青海省	0.08260	0.13167	0.34478	0.03701	0.00234	0.59581
宁夏回族自治区	0.09412	0.08044	0.35763	0.08359	0.01431	0.36987
新疆维吾尔自治区	0.11701	0.09039	0.34287	0.04803	0.01121	0.73821
整体均值	0.16647	0.08897	0.40038	0.12167	0.01050	0.75661

经济支撑是煤炭行业转型发展的基础。在经济支撑维度下,不同省份的煤炭行业转型指数差异较大。例如,江苏省(0.47066)和山东省(0.31614)的煤炭行业转型指数表现较为突出,这与这些地区的经济发达程度有关。经济支撑强的地区,往往拥有更多的资金和技术支持,能够更好地推动煤炭行业的转型发展。然而,一些经济相对落后的地区,例如甘肃省(0.06430)和青海省(0.08260),煤炭行业转型指数表现较弱。这些地区资金短缺、技术落后,制约了煤炭行业的转型发展。因此,对于这些地区来说,加强经济支撑,提高资金和技术投入,是推动煤炭行业转型发展的关键。

安全保障是煤炭行业转型发展的首要前提。在安全保障方面,各省份的煤炭行业转型发展相对均衡,但仍有提升空间。例如,山西省(0.07196)和内蒙古自治区(0.10465)由于开采历史悠久、安全管理经验丰富以及煤炭资源丰富等原因,煤炭行业转型发展指数较高。而宁夏和新疆由于开采历史相对较短、安全管理和技术水平有待提高以及地理位置和交通条件限制等原因,煤炭行业转型发展指数相对较低。因此,通过加强安全管理、推动技术创新、优化产业结构和加强区域合作等措施,有助于推动地区煤炭行业的进一步发展,确保在保障安全的前提下实现转型升级和高质量发展。

环境保护是煤炭行业转型发展的重要方向。随着全球环境保护意识的不断增强,煤炭行业面临着越来越严格的环保要求。在环境保护维度下,各省份的煤炭行业转型指数也有较大差异。例如,福建省(0.51121)和江西省(0.49553)重视环保工作、加大环保投入,其转型指数相对较高。然而,一些地区如黑龙江省(0.44678)和吉林省(0.44344)的煤炭行业转型指数相对较低,在煤炭行业环境保护方面仍存不足。这些地区可能需要加强环保监管,提高环保标准,推动煤炭行业向清洁、高效、可持续的方向发展。

技术创新是煤炭行业转型发展的核心动力。随着科技的不断进步,煤炭行业也需要不断创新以适应市场需求。在技术创新方面,各省份在煤炭行业技术创新方面的表现有所不同。例如,由于江苏省(0.36411)和福建省(0.09952)这些地区科技发达、创新能力强,对应的转型指数值较高。而一些地区,例如甘肃省(0.04155)和青海省(0.03701)地广人稀,在煤炭行业技术创新方面仍存在不足导致其转型发展效果较差,指数值相对较低。这些地区可能需要加强科技创新投入,引进先进技术,提高煤炭开采和利用效率,推动煤炭行业的转型发展。

产业转移是煤炭行业转型发展的重要途径。随着能源结构的调整和环保政策的加强,一些传统煤炭产区需要进行产业转移,以适应新的市场需求。在产业转移维度上,辽宁省(0.12827)和黑龙江省(0.11819)作为中国的老工业基地,长期以来在煤炭等能源产业上有着重要的地位,在产业转移方面具有较高的经验积累,转型指数较高。相比之下,贵州省(0.07473)和云南省(0.04833)在产业转移的维度上转型指数值较低,这意味着这两个地区在煤炭行业的转型发展过程中,产业结构调整的步伐相对较慢,产业转移的经验也相对较少,但并不意味着这两个地区没有潜力进行产业转移或发展其他产业。在煤炭行业的转型发展过程中,各个省份应根据自身的情况和特点,制定合适的产业转移策略,以实现经济的可持续发展。

实现煤炭行业的转型和发展,其关键是资源的有效利用。提高资源利用效率,既能降低生产成本,又能减轻对环境的污染,实现经济效益和环境效益的双赢。在资源利用方面,陕西省(0.22828)和山东省(0.21828)注重煤炭开采和加工技术的研发与创新,政策上鼓励煤电企业进行技术改造和升级,推广节能降碳技术、灵活性改造技术等,煤炭行业转型效果较好。而甘肃省(0.04155)和青海省(0.03701)部分煤炭企业开采技术相对落后,导致煤炭资源的开采效率和利用率较低;产业链短,煤炭企业普遍面临资金短缺、资源相对匮乏的问题,难以投入足够的资金进行技术研发和产业升级,转型指数值相对较低。这些地区可以通过加强技术创新、延伸产业链、加强政策支持等措施,促进煤炭行业发展,促进转型升级。

三、河南省煤炭行业转型发展指数分维度结果分析

河南省煤炭行业转型指数分维度时间结果分析,如表5-7所示,可以看出在过去的11年间,煤炭行业转型指数在各个维度上都呈现出整体上升的趋势。与全国23个省份煤炭行业转型发展指数相似,河南省煤炭行业在转型过程中也取得了一定的进展,同样在经济支撑、技术创新和资源利用方面整体呈逐年稳步上升趋势。

表5-7 河南省煤炭行业转型指数分维度结果分析

时间	经济支撑	安全保障	环境保护	技术创新	产业转移	资源利用
2011	0.10432	0.07715	0.37335	0.09142	0.00529	0.79590
2012	0.11309	0.06334	0.37117	0.08144	0.00494	0.81345
2013	0.13085	0.05264	0.37561	0.11152	0.00484	0.82644
2014	0.14906	0.06009	0.38114	0.10392	0.00495	0.83189
2015	0.16165	0.04274	0.38333	0.09778	0.00654	0.84133
2016	0.17361	0.07973	0.38659	0.11456	0.00659	0.85087
2017	0.21476	0.16451	0.38598	0.13525	0.00661	0.86107
2018	0.21480	0.10872	0.38917	0.15161	0.00736	0.86661
2019	0.24770	0.08107	0.38966	0.16695	0.00710	0.87728
2020	0.25957	0.06400	0.39380	0.18921	0.00685	0.87510
2021	0.25304	0.16924	0.39361	0.23773	0.00641	0.87432

如表5-7所示的数据以及图5-3所呈现的趋势,河南省煤炭行业在过去11年间在经济支撑、安全保障、环境保护、技术创新、产业转移及资源利用这6个关键维度上的转型取得了显著的进展,展现出了积极的变革态势。这些成果不仅为行业的持续健康发展奠定了坚实基础,也为全国煤炭行业的转型升级提供了宝贵经验。未来,河南省煤炭行业将继续深化改革、创新发展,为实现更高质量、更可持续的发展目标而努力奋斗。

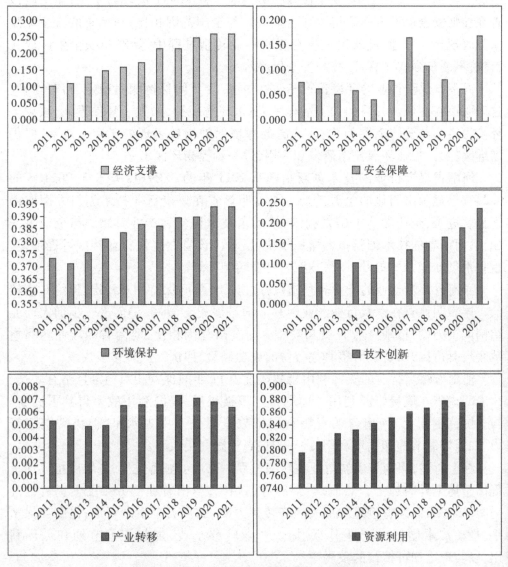

图 5-3　河南省煤炭行业转型指数分维度分析

河南省煤炭行业的经济支撑指数从 2011 年的 0.10432 增长至 2021 年的 0.25304,显示出明显的上升趋势。这表明,河南省煤炭行业在经济转型方面取得了积极成果,行业经济实力得到了增强。与全国范围相比,河南省的经济支撑指数增长趋势与全国煤炭行业转型发展指数保持一致,反映出该省在行业转型过程中,经济支撑能力的提升是全国煤炭行业转型发展的一个缩影。然而,尽管河南省的经济支撑指数有所提升,与一些经济更为发达的省份相比,其绝对值仍有待进一步提高。

河南省煤炭行业的安全保障指数在过去 11 年间有所波动,但整体呈现上升趋势。特别是在2017年,安全保障指数达到了0.16451的较高水平,显示出该省在加强安全生产方面取得了显著成效。与全国范围相比,河南省的安全保障指数表现相对稳健,反映出该省在煤炭行业转型过程中,始终将安全生产放在首位,不断加强安全管理,提高安全保障水平。

河南省煤炭行业的环境保护指数在过去11年间保持相对稳定,略有增长。这表明该省在煤炭开采和加工过程中,注重环境保护,加大了环保投入,减少了环境污染。与全国范围相比,河南省的环境保护指数表现处于中上水平,但仍需继续努力,加强环保技术研发和应用,进一步提高环保水平。

河南省煤炭行业的技术创新指数从2011年的0.09142增长至2021年的0.23773,显示出明显的上升趋势。这表明该省在煤炭行业技术创新方面取得了显著进展,企业加大了研发投入,推动了技术创新和产业升级。与全国范围相比,河南省的技术创新指数增长较快,反映出该省在煤炭行业转型过程中,注重技术创新能力的提升,以科技引领行业转型升级。

河南省煤炭行业的产业转移指数在过去11年间保持相对稳定,但绝对值较低。这表明该省在煤炭行业产业转移方面进展相对缓慢,仍需进一步加大产业结构调整力度,推动产业升级和转型。与全国范围相比,河南省的产业转移指数表现有待提升,需要借鉴其他省份的成功经验,加快产业转移步伐。

河南省煤炭行业的资源利用指数在过去11年间保持相对稳定且略有增长。这表明该省在煤炭资源利用方面取得了积极成果,资源利用效率得到了提高。与全国范围相比,河南省的资源利用指数表现处于中上水平,但仍需继续努力,加强资源节约和循环利用,进一步提高资源利用效率。

综上所述,河南省煤炭行业在转型过程中取得了显著进展,各维度指数均呈现出整体上升的趋势。然而,与全国范围相比,河南省在部分维度上仍有提升空间。未来,河南省应继续加大经济转型力度,加强安全生产管理,提高环保水平,推动技术创新和产业升级,加快产业转移步伐,加强资源节约和循环利用,以实现更加可持续的发展。

第四节　煤炭行业转型发展的空间演化分析

一、空间分异特征

2011年、2014年、2017年、2021年这4个时点分地区煤炭行业转型指数结果如表5-8所示。研究期内东部、中部和西部地区的煤炭行业转型指数均值依次为 1.763、1.585 和 1.403。如表 5-8 所示,2011—2021 年煤炭行业转型发展整体上呈"中东较高、西部较低"的分布格局,东部地区煤炭转型指数最好,中部地区的转型指数次之,西部地区的转型指数最差。其中,2011 年煤炭行业转型指数好的省份有江苏省、福建省、湖北省和湖南省,2014 年、2017 年及 2021 年只有江苏省的煤炭行业转型指数好。

表 5-8 2011 年、2014 年、2017 年和 2021 年分地区煤炭行业转型指数值

地区	省份	2011	2014	2017	2021
东部地区	河北省	1.316	1.422	1.605	1.671
	辽宁省	1.546	1.639	1.541	1.680
	江苏省	1.841	2.033	2.320	2.729
	福建省	1.690	1.730	1.892	2.061
	山东省	1.540	1.662	1.876	2.048
中部地区	山西省	1.093	0.903	1.027	1.284
	吉林省	1.490	1.497	1.627	1.590
	黑龙江省	1.430	1.466	1.543	1.588
	安徽省	1.529	1.577	1.888	2.045
	江西省	1.537	1.595	1.806	1.990
	河南省	1.447	1.531	1.768	1.934
	湖北省	1.663	1.681	1.899	2.086
	湖南省	1.641	1.691	1.788	1.985
西部地区	内蒙古自治区	1.187	1.305	1.206	1.286
	广西壮族自治区	1.564	1.568	1.649	1.684
	四川省	1.508	1.580	1.756	1.908
	贵州省	1.202	1.367	1.573	1.635
	云南省	1.536	1.570	1.640	1.746
	陕西省	1.602	1.566	1.731	2.246
	甘肃省	1.243	1.204	1.264	1.387
	青海省	1.156	1.162	1.286	1.366
	宁夏回族自治区	0.823	0.958	1.158	1.198
	新疆维吾尔自治区	1.346	1.338	1.363	1.456

省份层面上,首先是东部地区,2011—2021 年,江苏省、福建省这两个省份处于东部地区,经济发展迅速,技术研发能力也较强,其煤炭行业转型发展指数呈上升趋势,高于 23 省份均值,位居第一和第二。而河北省、辽宁省和山东省的

煤炭行业转型发展指数排名并未靠前,是因为河北省的煤炭行业转型基础薄弱,面临着结构调整的压力,加重了转型的负担;辽宁省是一个以煤为主的工业大省,在能源结构上存在着严重的短缺,对外部的依赖程度超过80%;山东省是我国能源消费、碳排放最多的省份,其煤炭消耗量和碳排放总量位居全国第三,碳排放总量位居第一,其绿色、低碳转型面临严峻考验。其次为中部,中部地区因提高了煤炭供给保障能力,湖北省,湖南省,安徽省,江西省清洁低碳进程的持续加快,煤炭行业转型发展指数态势不错。最后是西部地区,甘肃省、内蒙古自治区、青海省、宁夏回族自治区的煤炭行业转型指数较低,分别为1.253、1.211、1.194、1.000,始终低于平均值,煤炭行业转型发展状态堪忧,这些地区缺乏煤炭清洁高效利用技术相关人才,煤炭资源的精准勘察能力弱,煤炭储备信息化和智能化程度低,对煤炭供给的精确控制、高效保障等方面还存在着诸多问题。而西部地区的陕西省、四川省和云南省煤炭行业转型发展不错,陕西省作为煤炭大省,产量稳居全国第三,煤炭综合利用发展较好,煤化工工艺水平处于全国领先,煤炭清洁利用水平逐步提高。四川省持续优化煤炭资源配置,加速淘汰落后产能。云南省煤炭产业集中度呈上升趋势,工业结构逐步优化;继续加强对煤矿的勘查,提高煤炭供应的保障能力;同时,持续推动煤炭的洁净、高效、集约开采,提高资源的综合利用率,提高绿色低碳的发展水平。煤炭行业转型指数与区域经济社会发达程度和能源资源禀赋密切相关,煤炭资源丰富地区的煤炭行业转型指数总体偏低,其中山西省,内蒙古自治区,新疆维吾尔自治区均处于全国"末位"。可再生能源资源丰富地区的煤炭行业转型能力较强,四川省、湖北省和云南省进入了全国煤炭行业转型指数排行榜前列,其中,湖北以1.812的得分位列全国第三。

其中,河南省在2011—2021年的煤炭行业转型过程中,展现出了独特的转型轨迹与成效,在煤炭行业转型指数上的表现经历了从"中"到"较好"的转变,特别是在2017年后,其转型步伐明显加快,转型成效日益显著。

具体而言,在2011年,河南省的煤炭行业转型指数尚处于中等水平,与东部地区的江苏省、福建省等转型先锋相比,存在一定的差距。然而,随着国家对煤炭行业转型发展的重视和一系列政策的出台,河南省积极响应,加大了对煤炭行业转型升级的投入与支持。在2014年,河南省的煤炭行业转型指数有所提升,但仍未达到"较好"的水平。这一时期,河南省开始注重煤炭资源的清洁高效利用,加强了对煤炭产业的科技创新和结构调整,为后续的转型奠定了坚实基础。

至2017年,河南省的煤炭行业转型取得了突破性进展,转型指数成功迈入"较好"行列。这一成绩的取得,得益于河南省在煤炭行业转型上的持续努力和一系列创新举措的实施。河南省不仅加强了对煤炭产业的环保监管,推动煤炭企业的绿色发展,还积极引进和培育煤炭清洁高效利用技术相关人才,提升了煤炭资源的精准勘察能力和信息化、智能化水平。

2021年，河南省的煤炭行业转型指数继续保持稳定增长，虽然未能跻身"好"的行列，但已经与东部地区的部分省份在转型成效上缩小了差距。这一时期，河南省在煤炭行业转型上更加注重系统性、整体性和协同性，通过优化产业结构、推动技术创新、加强政策引导等措施，实现了煤炭行业转型的高质量发展。

从河南省煤炭行业转型的历程来看，其转型成效与区域经济社会发达程度和能源资源禀赋密切相关。作为中部地区的重要省份，河南省在煤炭资源丰富的同时，也面临着能源结构调整和环境保护的双重压力。因此，河南省在煤炭行业转型上更加注重平衡发展与保护的关系，通过创新驱动和绿色发展，实现了煤炭行业的转型升级和可持续发展。

二、空间关联特征

（一）全局空间自相关分析

为进一步研究我国煤炭行业转型指数空间特征的演进规律，测算2011—2021年中国23个省份的全局 Moran's I 指数，结果如表5-9所示。结果显示，2011—2021年期间全局 Moran's I 指数持续为正，在（0.220，0.469）的区间内变动，均通过5%水平下的显著性检验（通常认为 P 值小于0.05为显著），表明我国煤炭行业转型发展存在显著的空间自相关性，相邻省份之间的转型效果呈现正相关关系，即转型效果好的省份往往与同样效果好的省份相邻。这种空间正相关性的形成，反映了区域间煤炭行业转型发展的协同推进和一致性增强。

表5-9 莫兰指数结果及检验

年份	莫兰指数	Z 统计量	P 值
2011	0.220	1.906	0.028
2012	0.244	2.049	0.020
2013	0.260	2.176	0.015
2014	0.282	2.361	0.009
2015	0.327	2.676	0.004
2016	0.355	2.913	0.002
2017	0.469	3.652	0.000
2018	0.437	3.423	0.000
2019	0.460	3.573	0.000
2020	0.461	3.565	0.000
2021	0.398	3.172	0.001

从演进规律来看,Moran's I 指数从 2011 年的 0.220 上升到 2017 年的 0.469,呈现上升的趋势,表明空间关联效应显著增强。其中,2017 年全局 Moran's I 指数达到峰值,表明这一时间段内转型效果的空间相关性最强。这一结果不仅得到了 P 值显著性检验的支持,还通过较高的 Z 值(大于 1.96,即正态分布函数在 5% 显著性水平下的临界值)得到了进一步验证。高 Z 值意味着观测到的空间自相关性并非偶然现象,而是具有统计显著性。

自 2017 年以来,Moran's I 指数所展现的波动下降趋势,特别是在 2021 年降至 0.398,清晰地表明了空间相关性的逐渐减弱。尽管全局 Moran's I 指数在 2011—2021 年有所降低,但其对应的 Z 值维持在一个相对较高的水平,同时 P 值也显著降低,甚至接近或低于 0.001 的显著性水平,这反映出空间相关性的减弱受到多种因素的影响,如煤炭行业供给侧结构性改革、"双碳"目标与能源结构转型、技术瓶颈或资金投入不足等。

(二)局部空间自相关分析

全局莫兰指数仅仅是在整体区域上反映出 23 个省份的煤炭行业转型指数具有空间相关性,并不能直接描述不同省份煤炭行业转型指数的空间相关性所对应的具体情况。因此,本文利用局部莫兰散点图来进一步分析我国不同地区煤炭行业转型指数的局部具体空间效应。在 Moran 散点图中,横轴表示标准化后的煤炭行业转型指数值,纵轴表示标准化后的煤炭行业转型指数的空间滞后水平。局部莫兰散点图第一象限(H-H)表示本省的煤炭行业转型指数较高,相邻省份的煤炭行业转型指数结果也较高,存在空间正相关关系;第二象限(L-H)表示本省的煤炭行业转型指数较低,相邻省份的煤炭行业转型指数较高,本省被相邻省份所包围,存在空间负相关关系;第三象限(L-L)说明本省的煤炭行业转型指数与相邻省份的煤炭行业转型指数均较低,存在空间正相关关系;第四象限(H-L)说明本省的煤炭行业转型指数较高,而相邻省份的煤炭行业转型指数较低,存在空间负相关关系。一、三象限内表示各区域的煤炭行业转型指数存在正相关性并出现空间集聚现象,二、四象限内表示各区域的煤炭行业转型指数存在负相关性且出现空间异质性。

本研究选取 2011 年、2014 年、2017 年和 2021 年这 4 个关键时间节点,对有关数据进行局部空间自相关的研究和分析,用 Stata 软件绘制 23 个省份煤炭行业转型指数的局部莫兰散点图,如图 5-4 所示。2011 年、2014 年、2017 年和 2021 年莫兰散点图回归曲线的斜率均为正,多数省份煤炭行业转型指数的观测点处于第一象限(H-H)和第三象限(L-L),而有少数省份落在第二象限(L-H)和第四象限(H-L),说明整体上 23 个省份的煤炭行业转型指数呈现空间正相关,煤炭行业转型指数的空间依赖程度高,有空间集聚的趋势。但各省份间产业结构与煤炭消费总量差异较大,存在空间差异性。

其中,中东部地区与西部地区之间呈现出鲜明的对比格局。大体上,中东部地区省份的煤炭行业转型指数呈现"高—高"聚集状态,这一区域包括江苏、福建、山东、湖北、湖南等经济发展相对领先的省份。这些省份不仅在经济总量上占据优势,更在煤炭行业的转型升级过程中走在了全国的前列。它们通过优化产业结构、推动技术创新、加强环境保护等一系列措施,实现了煤炭行业从传统的高污染、高能耗向绿色低碳、高效利用的转变。因此,这些省份的煤炭行业转型指数普遍较高,形成了"高—高"聚集的空间分布特征。

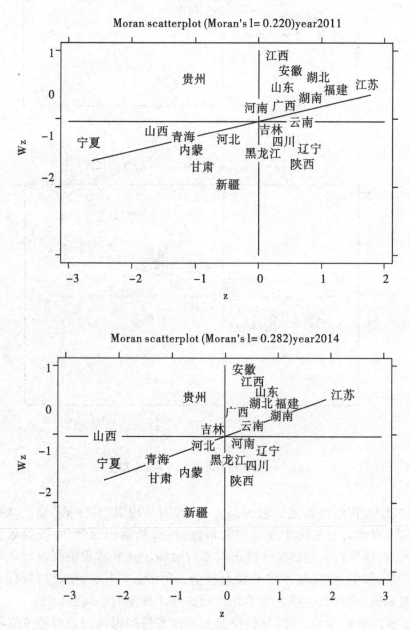

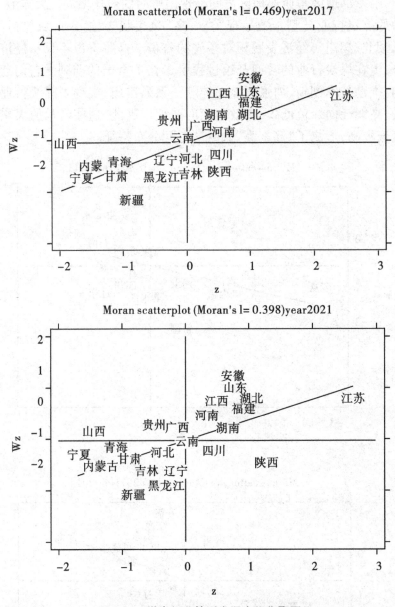

图 5-4　煤炭行业转型发展空间集聚图

　　相比之下,我国西部地区的大部分省、区则呈现出"低—低"聚集状态。宁夏、内蒙古、青海等省份由于地理位置偏远、经济基础相对薄弱、资源禀赋条件限制等因素,煤炭行业的转型升级进程相对缓慢。这些省份的煤炭行业仍然以传统的开采、加工为主,技术水平相对较低,环保投入不足,导致煤炭行业转型指数普遍偏低。因此,这些省份形成了"低—低"聚集的空间分布特征。

　　对比这四年的结果,可以发现我国大部分省份的煤炭行业转型发展类型并没有发生显著变化。江苏、福建、山东、湖北、湖南等发展相对领先的省份一直处在 H-H 型集聚区，即高值被高值所包围的区域。这些省份在煤炭行业转型发展过程中，不仅自身取得了显著成效，还通过技术溢出、产业转移等方式，对周边省份产生了积极的带动作用。同时，它们也积极借鉴国内外先进经验，不断优化自身的发展路径，保持了煤炭行业转型指数的持续增长。而宁夏、内蒙古、青海等大部分西部地区省份则一直处在 L-L 型集聚区，即低值被低值所包围的区域。这些省份在煤炭行业转型发展过程中面临着诸多困难和挑战，如资源枯竭、环境压力加大、产业结构调整难度大等。因此，它们的煤炭行业转型指数增长缓慢，甚至出现了停滞不前的现象。然而，值得注意的是，这些省份并没有放弃努力，而是积极寻求转型升级的新路径，通过加强技术创新、拓展产业链条、推动绿色发展等方式，努力提升煤炭行业的竞争力和可持续发展能力。

除了 H-H 型和 L-L 型集聚区外，H-L 型和 L-H 型集聚区也是我国煤炭行业转型发展空间分布的重要特征。H-L 型集聚区是指高值被低值所包围的区域，而 L-H 型集聚区则是指低值被高值所包围的区域。这两种集聚区的存在，反映了我国煤炭行业转型发展空间分布的不均衡性和复杂性。从 H-L 型集聚区来看，近年来其数量有所减少。自 2017 年以来，只有四川和陕西这两个省份是 H-L 型集聚区。这两个省份虽然煤炭资源丰富，但在煤炭行业转型发展过程中，面临着资源枯竭、环境压力加大等问题。然而，它们通过加强技术创新、推动产业升级等方式，实现了煤炭行业的转型升级，提升了煤炭行业转型指数。然而，由于周边省份的煤炭行业转型指数相对较低，形成了高值被低值所包围的空间分布特征。

吉林和辽宁则是从 2011 年的 H-L 型集聚区变为 2021 年的 L-L 型集聚区。这两个省份曾经是我国煤炭行业的重要产区，但由于资源枯竭、产业结构单一等问题，煤炭行业的转型升级进程相对缓慢。近年来，虽然它们也采取了一系列措施推动煤炭行业的转型升级，但成效并不显著。因此，它们的煤炭行业转型指数逐渐下降，与周边省份形成了相似的空间分布特征。

相比之下，L-H 型集聚区的省份在 2021 年略有增加。虽然这些省份的煤炭行业转型指数没有显著提高，但在一定程度上带动了邻近省份煤炭行业的转型发展。其中，贵州省是 L-H 型集聚区中最为稳定的省份之一。近年来，贵州省通过加强煤炭资源的综合利用、推动煤炭行业的绿色发展等方式，实现了煤炭行业的转型升级。虽然其煤炭行业转型指数仍然相对较低，但对周边省份产生了一定的带动作用。广西、山西和云南则是在 2021 年落到了 L-H 型集聚区中。这三个省份在煤炭行业转型发展过程中面临着不同的困难和挑战。广西的煤炭资源相对匮乏，煤炭行业的转型升级难度较大；山西作为我国的煤炭大省，虽然煤炭资源丰富，但长期以来的粗放式开采和加工方式导致了严重的环境问题和资源浪费；云南省则面临着煤炭行业结构调整和产业升级的双重压力。然而,这些省份并没有放弃努力,而是积极寻求转型升级的新路径,通过加强技术创新、拓展产业链条、推动绿色发展等方式,努力提升煤炭行业的竞争力和可持续发展能力。

综上所述,我国煤炭行业转型发展的空间分布特征呈现出明显的地域差异和不均衡性。中东部地区省份的煤炭行业转型指数普遍较高,形成了"高—高"聚集的空间分布特征;而西部地区省份则相对较低,形成了"低—低"聚集的空间分布特征。同时,H-L型和L-H型集聚区的存在也反映了我国煤炭行业转型发展空间分布的不均衡性和复杂性。未来,我国应继续加强煤炭行业的转型升级工作,通过优化产业结构、推动技术创新、加强环境保护等措施,提升煤炭行业的竞争力和可持续发展能力。同时,还应注重区域间的协调发展,通过技术溢出、产业转移等方式,促进煤炭行业转型发展的空间均衡性。

在2011年到2021年,中国各省份在推动煤炭行业转型发展的过程中,逐渐形成了各具特色的空间集聚模式。一方面,部分省份由于地理位置相邻、经济基础相似、政策环境一致等因素,其煤炭行业转型指数呈现出明显的空间集聚特征。这些省份在清洁能源以及可再生能源技术的研发与应用、节能减排政策的实施与执行等方面相互借鉴、共同进步,形成了煤炭行业转型指数优良区的集聚区。例如,东部地区的一些省份,凭借其强大的经济实力和技术创新能力,在煤炭行业转型方面取得了显著成效,并带动了周边省份的协同发展。另一方面,空间分异的现象同样不容忽视。中国幅员辽阔,省份众多,在产业结构、煤炭消费、资源禀赋等方面均有较大差别,造成了不同省区煤炭行业转型发展的空间分异。一些中西部欠发达省份,由于经济基础薄弱、技术创新能力不足、政策支持力度有限等原因,其煤炭行业转型效果相对滞后,与东部地区发达省份之间形成了显著的差距。

尽管存在空间分异的现象,但整体来看,23个省份的煤炭行业转型指数仍然呈现出显著的空间正相关关系。这意味着相邻省份之间的煤炭行业转型指数具有较强的相互影响和相互作用。当某一省份在煤炭行业转型方面取得进展时,其成功经验往往能够迅速传播至周边省份,带动整个区域的协同发展。这种空间正相关关系的存在,为中国推动煤炭行业可持续发展提供了有力的支持。此外,煤炭行业转型指数的空间集聚与分异并存的现象,受多种因素的共同影响。一方面,地理位置相邻、经济基础相似、政策环境一致的省份更容易形成煤炭行业转型指数优良区的集聚区;另一方面,产业结构、经济发展水平、资源禀赋条件等方面的差异则导致省份间在煤炭行业转型指数上产生分异。此外,政策引导、技术创新、资金投入、市场需求等因素也在不同程度上影响着各省份煤炭行业转型指数的空间分布与变化趋势。

河南省作为中国中部地区的核心省份之一,其煤炭行业转型的历程与成效在上述背景下显得尤为独特且富有代表性。在过去的10年间,河南省积极响应国家号召,不断探索适合本省实际的煤炭行业转型路径,既受益于空间集聚带来的正面效应,也面临着空间分异带来的挑战。

在空间集聚方面,河南省凭借其地理位置优势,与周边省份如山东、河北、山西等形成了紧密的经济联系与产业合作。这些省份在煤炭行业转型上的共同探索,为河南省提供了宝贵的经验与启示。特别是在清洁能源技术的研发与应用上,河南省积极引进周边省份的先进技术,结合自身实际进行消化吸收再创新,推动了本省煤炭行业的清洁化、高效化发展。同时,河南省还加强了与东部发达省份的合作,通过技术转移、人才引进等方式,不断提升自身的技术创新能力与产业竞争力。

然而,在空间分异方面,河南省与东部发达省份之间仍存在明显的差距。这主要体现在经济基础、技术创新能力、政策支持力度等方面。为了缩小这一差距,河南省政府加大了对煤炭行业转型的支持力度,出台了一系列政策措施,如设立专项基金、提供税收优惠、加强环保监管等,以推动煤炭行业的绿色转型。同时,河南省还注重发挥市场机制的作用,通过市场化手段引导企业加大研发投入,提升产品质量与服务水平,增强市场竞争力。

在未来,河南省应继续深化与周边省份的合作,充分利用空间集聚带来的正面效应,共同探索煤炭行业转型的新路径。同时,针对自身存在的问题与不足,河南省应进一步加强政策引导与资金投入,提升技术创新能力与人才培养水平,推动煤炭行业实现更高质量、更可持续的发展。此外,河南省还应积极探索煤炭行业与新能源产业的融合发展,通过多元化、清洁化的能源结构,为经济社会发展提供更加坚实的能源保障。

"双碳"目标下河南煤炭行业转型的驱动因素分析

通过综合测度分析了河南省煤炭行业转型发展的当前状态,揭示了河南省煤炭行业转型指数整体不高但总体呈逐步上升态势的现状。为了促进河南省煤炭行业转型效果的均衡提升并解决发展的不均衡不充分问题,提升煤炭行业转型效果,推动煤炭行业高质量发展,本章基于"双碳"目标,对河南省煤炭行业转型的驱动因素进行分析。采用空间计量分析方法和岭回归模型分别检验各驱动因素对全国及河南省煤炭行业转型发展的影响方向和程度,同时结合省内煤炭行业发展的现实情况,为河南省制定合理化、差异化的发展政策与规划提供现实依据。

第一节　变量选取与数据来源

一、变量选取

基于对煤炭行业转型发展驱动力的详细分析,政策因素、人口因素和产业因素共同驱动煤炭行业的转型发展。基于分析和归纳,从政策、人口和产业这三个维度选取了7个驱动因素变量:城镇化水平、工业发展水平、人力资本、外商投资水平、对外开放程度、政府干预程度和就业密度。

1. 城镇化水平

随着城市化进程的加快,地区的城镇化水平也在不断提高。一方面,城镇化水平的提高会直接提高劳动力的数量,同时伴随着基础设施的扩建,在一定程度上会提高煤炭行业的投入,从而降低煤炭行业发展效率;另一方面,城镇化水平提高带来的劳动力增加通常会提高当地就业率,从而有效促进当地的经济发展,提高煤炭行业发展的产出,从而提高地区煤炭行业转型发展效果。因此,城镇化水平与煤炭行业转型发展效果之间的关系尚不明确。

第六章

故本文提出研究假设H1a：城镇化水平与煤炭行业转型发展效果存在相关性。研究假设H1b：城镇化水平的提升会提高地区煤炭行业转型发展效果。

2.工业发展水平

工业发展水平是衡量一个地区经济实力和技术进步的重要标志。一方面，工业发展水平的快速提升可能导致对传统能源需求的快速下降，给依赖煤炭的地区和企业带来巨大压力，企业高技术含量的转型项目往往需要大量资金投入和长期研发，对于资金实力和技术积累相对薄弱的煤炭企业和地区而言，构成较大挑战，从这个角度来看，工业发展水平的上升会提高煤炭行业的投入，从而降低煤炭行业转型效率；另一方面，工业发展水平的提升促进了高新技术在煤炭开采、加工、利用等领域的广泛应用，如智能化开采技术、清洁煤技术、碳捕捉与封存技术等，这些技术的引入加速了煤炭行业的转型升级，提高了资源利用效率，减少了环境污染。

故本文提出研究假设H2a：工业发展水平与煤炭行业转型发展效果存在相关性。研究假设H2b：工业发展水平的提升会提高地区煤炭行业转型发展效果。

3.人力资本

在行业转型过程中人力资本的结构和配置发挥着越来越重要的作用。一方面，在推进煤炭行业转型的过程中需要更新技术手段，然而老员工整体素质偏低、专业技能不足等问题依然突出，可能难以适应新技术、新工艺的推广应用，对煤炭行业转型产生负面影响。另一方面，随着技术的不断进步和环保政策的收紧，煤炭行业不断引入先进的设备和管理理念，引进更高能力的人力资本与之相匹配，通过合理的人力资源配置，煤炭行业能够更有效地应对市场变化，实现资源的优化配置。同时，通过加强内部培训，煤炭行业能够不断提升员工的专业技能和综合素质，为行业的转型发展提供有力的人才保障，人力资本的优化不仅提高了生产效率，而且推动了行业的整体转型。

故本文提出研究假设H3a：人力资本与煤炭行业转型发展效果存在相关性。研究假设H3b：人力资本的优化会提高地区煤炭行业转型发展效果。

4.外商投资水平

随着经济社会的发展，外商投资成为各行业发展过程中不可忽视的部分。一方面，外商投资水平的提高意味着煤炭市场的进一步开放和竞争加剧，对地区煤炭行业转型发展存在一定的挑战和风险。例如，外资的引入可能会带来技术和管理上的挑战，需要煤炭行业加强学习和适应，也可能导致市场竞争的加剧，对部分煤炭行业构成威胁。另一方面，外商投资水平的提高带来的市场开放和竞争加剧将促使煤炭行业加强技术创新和管理创新，提高产品质量和服务水平，以在激烈的市场竞争中立于不败之地，同时，外资的引入也有助于推动煤炭行业的市场化改革和体制机制创新，为行业的转型升级提供有力保障。

故本文提出研究假设 H4a:外商投资水平与煤炭行业转型发展效果存在相关性。研究假设 H4b:外商投资会对提高地区煤炭行业转型发展效果产生积极影响。

5. 对外开放程度

随着我国对外开放政策的不断出台,地区对外开放程度也在不断提高。一方面,随着对外开放程度的提升,煤炭行业面临着一些挑战,例如,国际市场的波动和不确定性可能对煤炭行业产生冲击。外资的引入也可能带来技术和管理上的挑战,需要煤炭行业加强学习和适应,使煤炭行业面临更激烈的市场竞争。另一方面,对外开放程度的提升为地区煤炭行业带来了更广阔的资金和技术来源。通过吸引外资,煤炭行业可以获取到更多的资金支持,用于设备更新、技术研发、环保设施建设等方面,从而推动行业的转型升级,外资的引入也带来了先进的技术和管理经验,有助于煤炭行业降本增效、提高产品质量,进而增强市场竞争力,同时,随着国际社会对环保问题的日益关注,煤炭行业更加重视环保和可持续发展,加强环保设施建设和技术研发,降低排放和污染,有助于推动转型升级。

故本文提出研究假设 H5a:对外开放程度与煤炭行业转型发展效果存在相关性。研究假设 H5b:对外开放程度的提高有助于提高地区煤炭行业转型发展效果。

6. 政府干预程度

政府作为政策制定者和市场监管者,在经济社会发展中占据重要的地位。一方面,政府干预过多,在一定程度上会削弱市场机制的调控功能,从而造成资源配置的低效率,甚至对技术创新产生不利影响;复杂的政策体系和严格的监管要求可能增加企业的合规成本,特别是对于中小企业而言,转型压力更大,长期依赖政府补贴和政策扶持的企业可能缺乏自主转型的动力和能力,一旦政策调整,将面临较大的挑战。另一方面,通过制定严格的环保标准和能效要求,政府可以督促煤炭行业加大环保投入,淘汰落后产能,推动产业升级,政府提供的财政补贴、税收优惠以及专项研发资金支持,能够降低煤炭行业转型的成本风险,加速新技术、新工艺的应用。同时,政府制定合理的市场准入门槛和退出机制有助于优化行业结构,降低市场的无序,为转型期的煤炭行业创造一个良好的市场环境。

故本文提出研究假设 H6a:政府干预程度与煤炭行业转型发展效果存在相关性。研究假设 H6b:政府干预会对提高地区煤炭行业转型发展效果产生积极影响。

7. 就业密度

就业密度是衡量地区就业集中程度的一个重要指标。可以有效反映经济活力和发展潜力。一方面,高就业密度地区往往意味着更多的就业依赖和更高的社会期望,这增加了煤炭行业转型的压力和难度,在就业密度较高的地区,煤炭资源的开采和利用可能受到更加严格的资源与环境约束。另一方面,高就业密度地区往往意味着更多的就业机会和更高的收入水平,这有助于吸引和留住煤炭行业所需的专业人才,为行业转型提供技术支持,就业密度的提高促进了人才之间的交流与合作,有利于技术创新和产业升级,在煤炭行业,这可以表现为智能化开采技术的研发与应用,提高生产效率和安全性。同时,随着就业密度的增加,煤炭行业可能逐渐从单一的开采和初加工向深加工、综合利用等方向延伸,逐步建立起一条更完整的产业链,提升其附加值和竞争力。

故本文提出研究假设 H7a:就业密度与煤炭行业转型发展效果存在相关性。研究假设 H7b:高就业密度会对提高地区煤炭行业转型发展效果产生积极影响。

基于以上分析,本文在借鉴学者的相关研究的基础上,选取的解释变量分别为城镇化水平(URB)、工业发展水平(IND)、人力资本(HC)、外商投资水平(FDI)、对外开放程度(OW)、政府干预程度(GI)、就业密度(ED),如表 6-1 所示。本章的被解释变量为煤炭行业转型发展指数,由构建的煤炭行业转型发展评价指标体系测算而来,具体测度结果见第五章。

表 6-1 煤炭行业转型发展效果的解释变量

解释变量	表述	符号	单位
城镇化水平	城镇人口所占比率	URB	%
工业发展水平	工业增加值/GDP	IND	%
人力资本	高等学校在校学生人数/总人口	HC	%
外商投资水平	外商直接投资额/GDP	FDI	%
对外开放程度	货物进口金额/GDP	OW	%
政府干预程度	财政支出/GDP	GI	%
就业密度	就业人员数/行政区划面积	ED	%

(1)城镇化水平(URB):城镇化水平是指一个地区城镇化所达到的程度。本文采用城镇常住人口与全市常住人口的比重作为测度区域城镇化程度的指标。

(2)工业发展水平(IND):工业发展水平是指一个国家或地区在一段时间内工业生产力发展程度的高低。本文选择工业增加值与国内生产总值的比值来衡量一个地区的工业发展水平。

(3)人力资本(HC):在人力资本投入中,教育投入是最主要的一种。本文采用高等学校在校学生人数占总人口的比重作为人力资本计量指标。

（4）外商投资水平（*FDI*）：外商投资水平是指一个国家或地区在过去一段时间里吸引和利用外商直接投资的总体状况。本文选择外商直接投资额与GDP的比值来作为测度外商投资水平的指标。

（5）对外开放程度（*OW*）：对外开放程度是指一个国家或地区在经济、文化、科技等领域与外界交流合作的程度。本文采用商品进口额占国内生产总值之比来衡量对外开放程度。

（6）政府干预程度（*GI*）：政府的财政支持力度能够很好地反映政府行为对经济资源配置所产生的影响。本文采用财政支出与GDP的比值来作为测度指标。

（7）就业密度（*ED*）：就业密度是一个衡量就业集中程度的指标，它反映了单位面积或单位人口上的就业数量。本文采用就业人员数与行政区划面积的比值来作为测度指标。

二、数据来源

在本章的实证研究中，考虑到数据的可获得性，研究样本为我国23省自治区，研究时段为2011—2021年。被解释变量来自测度研究中测算的2011—2021年我国各省煤炭行业转型发展指数。各解释变量数据来自《中国能源统计年鉴》《中国统计年鉴》及各省份统计年鉴等。

第二节　我国煤炭行业转型的驱动因素分析

一、变量的描述性统计及多重共线性检验

依据前文中所选择的变量，计算出各变量的均值、标准差、各分位点以及最小值和最大值，各变量的描述性统计如表6-2所示。

表6-2　驱动因素指标的描述性统计

变量	符号	均值	标准差	最小值	最大值	样本量
煤炭行业转型发展指数	*COA*	1.545	0.304	0.794	2.729	253
城镇化水平	*URB*	0.553	0.082	0.350	0.739	253
工业发展水平	*IND*	0.332	0.068	0.200	0.556	253

续表6-2

变量	符号	均值	标准差	最小值	最大值	样本量
人力资本	HC	0.020	0.005	0.008	0.032	253
外商投资水平	FDI	0.015	0.012	0.000	0.071	253
对外开放程度	OW	0.150	0.118	0.008	0.710	253
政府干预程度	GI	0.260	0.110	0.107	0.643	253
就业密度	ED	0.014	0.011	0.000	0.045	253

从本章解释变量的方差膨胀因子大小来看,所有解释变量的方差膨胀因子均小于10,因此不存在严重的多重共线性问题,结果如表6-3所示。

表6-3　多重共线性检验

变量	VIF	1/VIF
城镇化水平 URB	0.678	1.48
工业发展水平 IND	0.477	2.09
人力资本 HC	0.657	1.52
外商投资水平 FDI	0.440	2.27
对外开放程度 OW	0.359	2.79
政府干预程度 GI	0.382	2.62
就业密度 ED	0.464	2.16
Mean VIF	2.13	

二、空间计量模型构建

各地区的经济发展带动、技术外溢与环境污染扩散等现象在一定程度上影响着区域的空间集聚特征,各城市间经济存在着较为广泛的联系,且邻近的城市联系更为密切。所以,通常假设各城市的变量是独立的并不合理,空间计量经济学领域的空间计量模型则有效应对了这个问题。

(一)空间计量模型介绍

空间计量分析主要用于研究事物之间的空间关联性。空间计量模型分为空间误差模型(SEM)、空间滞后模型(SLM)和空间杜宾模型(SDM)这三种类型。

1.空间误差模型(SEM)

空间误差模型(SEM)主要用于分析各省份间煤炭行业转型受地理位置影

响而存在的差异,表示相邻省份煤炭行业转型的误差冲击对区域煤炭行业转型的影响。模型表达式为:

$$Y_{it} = \sum_{k=1}^{m} \beta_k X_{ikt} + \sum_{j=1}^{n} \rho_j (W_{ij} \times \varphi_{it}) + \mu_i + \lambda_i + \varepsilon_{it} \tag{6.1}$$

公式中:Y_{it} 为 i 省份 t 年的煤炭行业转型发展效果;β_k 为第 k 个变量的系数;x_{ikt} 为影响 i 省份 t 年煤炭行业转型发展效果的第 k 个变量指标;W_{ij} 为空间权重;ρ_j 为误差项的空间自相关系数;φ_{it} 为空间自回归误差项;μ_i 为空间固定效应;λ_i 为时间固定效应;ε_{it} 为随机误差。

2. 空间滞后模型(SLM)

空间滞后模型(SLM)主要用于分析相邻省份的煤炭行业转型发展对本省份的溢出效应,即某一省份的煤炭行业转型受相邻省份煤炭行业转型空间影响的大小和作用方向。模型表达式为:

$$Y_{it} = \sum_{j=1}^{n} \delta_j (W_{ij} \times Y_{jt}) + \sum_{k=1}^{m} \beta_k X_{ikt} + \mu_i + \lambda_i + \varepsilon_{it} \tag{6.2}$$

公式中:Y_{it} 为 j 省份 t 年的煤炭行业转型发展效果;δ_j 为空间自回归系数。

3. 空间杜宾模型(SDM)

空间杜宾模型(SDM)主要用于分析本省份煤炭行业转型驱动因素对本省份及相邻省份煤炭行业转型的影响,同时考虑了空间滞后项的影响,可以避免一些估计偏差,从而更加准确地识别出其关键驱动因素。模型表达式如下:

$$Y_{it} = \sum_{j=1}^{n} \delta_j (W_{ij} \times Y_{jt}) + \sum_{k=1}^{m} \beta_k X_{ikt} + \sum_{k=1}^{m} \theta_k (W_{ij} \times X_{ikt}) + \mu_i + \lambda_i + \varepsilon_{it}$$

$$\tag{6.3}$$

公式中:θ_k 为空间滞后解释变量的系数。

对于 SEM、SLM、SDM 三种常见空间计量模型的选择,一般通过空间滞后和空间误差模型的 LM-lag、LM-Error、RobustLM-lag、RobustLM-Error 4 个统计量去检验 OLS 残差。首先,LM-lag 检验未被拒绝则选择 SLM,LM-Error 检验未被拒绝则选择 SEM,都拒绝则表明不适合用空间计量模型,都未拒绝则进行更为稳健的 RobustLM-lag 或 RobustLM-Error 检验,RobustLM-lag 检验未被拒绝则选择 SLM,RobustLM-Error 检验未被拒绝则选择 SEM,均未被拒绝则可以选择 SDM,并通过 Wald 和 LR 检验进一步考察 SDM 模型是否会退化为 SLM 或 SEM,若检验结果通过,则说明 SDM 为最优模型,反之,则选择 SAR 或 SEM。最后,由 Hausman 检验结果来判别模型选择固定效应或随机效应。

LM 检验即拉格朗日乘数检验,用来检验模型残差序列是否存在序列相关。原假设 H0 是不存在序列相关。检验统计量渐进服从卡方分布,如果计算得出的 P 值存在显著性则拒绝原假设,认为存在序列相关。通过 LM 检验,可以判断本文的驱动因素模型是否适合使用空间计量模型。当空间误差检验的 P 值显著,则说明适合用空间误差模型,当空间滞后检验的 P 值显著,则说明适合用空间滞后模型,两者都不显著则不适合用空间计量模型,两者都显著则表明可以考虑使用两者相结合的空间杜宾模型。

(二)空间计量模型选择

Hausman 的原假定 H0:是否拒绝"个体效应独立于解释变量",若拒绝原假设,则选择固定效应模型,若未拒绝原假设,则选择随机效应模型。基于 Hausman 检验,可知本文是选用固定效应或随机效应下的空间计量模型。

拉格朗日乘数(LM)检验及稳健的拉格朗日乘数(Robust-LM)检验结果显示,SEM 的 LM 检验和 Robust-LM 检验均通过 1% 的显著性水平检验,SLM 的 LM 检验通过 1% 的显著性水平检验,Robust-LM 检验通过 5% 的显著性水平检验,SEM 和 SLM 的检验结果都显著,需要考虑 SDM。需进一步判断 SDM 是否会退化为 SEM 和 SLM,则采用似然比(LR)检验和沃尔德(Wald)检验,结果显示,SEM 的 LR 检验值和 Wald 检验值分别为 104.570、130.010,均通过 1% 的显著性水平检验,SLM 的 LR 检验值和 Wald 检验值分别是 105.110、179.010,也均通过 1% 的显著性水平检验。因此,SDM 不会退化为 SLM 和 SEM,如表 6-4 所示。

表 6-4　空间计量模型检验结果

模型	空间误差模型(SEM)		空间滞后模型(SLM)	
	LM 统计量值	P 值	LM 统计量值	P 值
LM test	148.416	0.000	127.607	0.000
Robust LM test	27.225	0.000	6.416	0.011
LR test	104.570	0.000	105.110	0.000
Waldtest	130.010	0.000	179.010	0.000

空间面板模型的 Hausman 检验结果显示,其统计量值是 65.62,P 值为 0.000,在 1% 的水平下高度显著,因此,拒绝了面板模型是随机效应模型的原假设,考虑选择固定效应的空间面板模型。

三、回归结果与分析

固定效应的面板回归模型作为分析面板数据的重要工具,根据其所考虑的固定效应类型,可以细分为时间效应模型、空间效应模型以及时空双固定效应模型这三种主要形式。在评估模型的拟合优度时,常用的指标之一是 R 方(决定系数),它反映了模型对因变量变动的解释程度。R 方的值越接近 1,意味着模型的拟合效果越好,即模型能够更准确地捕捉和解释数据中的变异性。如表6-5所示,对比三种效应模型的拟合优度,时间固定效应模型的 R 方最大,为0.4308,这一结果表明,在时间固定效应模型中,自变量对因变量的解释力度最强,模型能够较好地捕捉数据随时间变化的特征,从而提供更为精确和可靠的预测和解释,因此选择时间固定效应模型。

表6-5 空间杜宾模型的结果

变量	时间固定系数	空间固定系数	时空固定系数
URB	−0.136	3.205＊＊＊	2.687＊＊＊
IND	−0.432＊＊	0.015	−0.155
HC	28.002＊＊＊	−21.310＊＊＊	−22.123＊＊＊
FDI	5.886＊＊＊	1.064	0.818
OW	0.187	−0.208	−0.157
GI	−0.616＊＊＊	−0.869＊＊＊	−0.795＊＊＊
ED	13.368＊＊＊	−4.032	0.452
W_URB	−2.652＊＊＊	−1.099	−4.650＊＊＊
W_IND	−1.475＊＊＊	0.635＊＊＊	−0.402
W_HC	−16.863	7.289	2.929
W_FDI	10.348＊＊＊	−0.422	2.505
W_OW	2.256＊＊＊	−0.340	−0.375
W_GI	0.959＊＊＊	−0.566＊	−0.756＊
W_ED	−13.465＊＊＊	−52.020＊＊＊	−35.108＊＊＊
ρ	0.157＊	0.410＊＊＊	0.223＊＊＊
R 方	0.431	0.239	0.217
sigma2	0.0165＊＊＊	0.003＊＊＊	0.003＊＊＊

注:＊、＊＊、＊＊＊分别表示在10%、5%、1%显著水平上显著。

从各个自变量的回归系数来看,人力资本、外商投资水平和就业密度的系数为正,并且在1%水平上高度显著,说明人力资本的投入,外商投资水平的提高和就业密度的集中可以显著促进地区煤炭行业的转型发展。人力资本水平的提高,为各行业提供了高素质劳动力,促进环保技术进步、发展资源智能化开采及改善节能减排技术,这些因素共同促进了能源利用效率的提升,并加速了煤炭行业转型。随着各地区推进生态文明的建设,外商投资对高效、绿色和创新发展的煤炭行业更为重视,从而带来先进的管理、模式和技术,促进煤炭行业转型。就业密度较高,可以在特定范围内形成集中趋势,便于集中管理高耗能行业,可以吸引高技术人才,有利于环保效率和能源效率的提升,从而促进煤炭行业的转型。

工业发展水平和政府干预程度的系数为负,并且前者在5%水平上显著,后者在1%水平上显著,说明工业发展和政府干预与煤炭行业转型之间存在着负向关联。现阶段我国绿色能源发展较为滞后,工业生产和消费仍以煤炭为主,在利用过程中产生大量氮氧化物、二氧化硫等污染物,导致煤炭行业转型受工业发展的抑制作用较强。政府干预对煤炭行业转型的影响与干预的程度、方向等因素相关,近年来,政府在生态文明建设等方面的支出增加,然而短期内不能体现这类支出对煤炭行业转型的促进作用,但长期来看,这类支出将有助于煤炭行业转型发展。城镇化水平的系数为负,并且不显著。对外开放程度的系数虽然为正,但是在统计上不显著,说明对外开放程度与煤炭行业转型之间存在着正相关关系,但强度较为微弱。

1. 城镇化水平(URB)

城镇化水平(URB)在时间固定约束下的SDM模型上未通过显著性检验且系数为负。说明城镇化水平与煤炭行业转型发展之间关联不大,因此拒绝研究假设H1a、H1b。

2. 工业发展水平(IND)

工业发展水平(IND)在时间固定约束下的SDM模型上在5%水平上显著,且系数为负,说明工业发展水平与煤炭行业转型之间存在着负向关联。工业发展水平会随着年份变化对煤炭行业转型产生影响,并呈负相关关系;工业发展的同时会排放大量污染物无法兼顾生态环境的保护,给煤炭行业转型发展造成了负向影响。研究假设H2a成立,拒绝假设H2b。

3. 人力资本(HC)

人力资本(HC)在时间固定约束下的SDM模型上回归系数为正,并且在1%水平上高度显著,说明人力资本的投入可以显著促进地区煤炭行业的转型发展,人力资本的投入会随着时间变化对煤炭行业转型发展产生影响,呈正相关关系。随着高等教育投入的增加,大众教育水平得到了显著提升,为煤炭行业发展提供高素质劳动力,同时也有利于提高技术创新水平,更新节能减排技术,从而促进煤炭行业转型发展。假设H3a、H3b成立。

4. 外商投资水平(FDI)

外商投资水平(FDI)在时间固定约束下的SDM模型上在1%水平上高度显著,且回归系数为正,说明外商投资水平的提高可以显著促进地区煤炭行业的转型发展,外商投资水平的提高会随着时间变化对煤炭行业转型发展产生影响,呈正相关关系。当前经济发展更加注重环保和可持续发展,外资企业可能会引入先进的环保技术和设备,有助于推进煤炭行业转型发展。假设H4a、H4b成立。

5. 对外开放程度(OW)

对外开放程度(OW)在时间固定约束下的SDM模型上系数为正但在统计上不显著,说明对外开放程度与煤炭行业转型之间存在着正相关关系,但随着时间变化对煤炭行业转型发展产生的影响较为微弱。假设 H5a 成立,拒绝假设 H5b。

6. 政府干预程度(GI)

政府干预程度(GI)在时间固定约束下的SDM模型上在1%水平上显著,但系数为负,说明政府干预程度与煤炭行业转型之间存在着负向关联,政府干预程度会随着年份变化对煤炭行业转型产生影响,并呈负相关关系。研究假设 H6a 成立,拒绝假设 H6b。

7. 就业密度(ED)

就业密度(ED)在时间固定约束下的SDM模型上在1%水平上高度显著,且系数为正,说明就业密度的提高可以显著促进地区煤炭行业的转型发展,就业密度的提高会随着时间变化对煤炭行业转型发展产生影响,呈正相关关系。研究假设 H7a、H7b 成立。

为方便读者参阅,相关假设验证情况如表6-6所示。

表6-6　研究假设及验证结果

序号	研究假设内容	验证结果
H1a	城镇化水平与煤炭行业转型发展效果存在相关性	拒绝
H1b	城镇化水平的提升会提高地区煤炭行业转型发展效果	拒绝
H2a	工业发展水平与煤炭行业转型发展效果存在相关性	成立
H2b	工业发展水平的提升会提高地区煤炭行业转型发展效果	拒绝
H3a	人力资本与煤炭行业转型发展效果存在相关性	成立
H3b	人力资本的优化会提高地区煤炭行业转型发展效果	成立
H4a	外商投资水平与煤炭行业转型发展效果存在相关性	成立
H4b	外商投资会对提高地区煤炭行业转型发展效果产生积极影响	成立
H5a	对外开放程度与煤炭行业转型发展效果存在相关性	成立
H5b	对外开放程度的提高有助于提高地区煤炭行业转型发展效果	拒绝
H6a	政府干预程度与煤炭行业转型发展效果存在相关性	成立
H6b	政府干预会对提高地区煤炭行业转型发展效果产生积极影响	拒绝
H7a	就业密度与煤炭行业转型发展效果存在相关性	成立
H7b	就业密度高会对提高地区煤炭行业转型发展效果产生积极影响	成立

为了进一步研究本地区解释变量对煤炭行业转型发展的影响及相邻地区解释变量和转型发展对本地区煤炭行业转型发展效果的影响,需对时间固定效应模型中的直接效应、间接效应及总效应进行分析,分析结果如表6-7所示。

表6-7　SDM模型空间溢出效应分解

变量	直接效应	间接效应	总效应
URB	-0.234	-3.086＊＊＊	-3.320＊＊＊
IND	-0.500＊＊	-1.755＊＊＊	-2.255＊＊＊
HC	27.909＊＊＊	-13.799	14.110
FDI	6.305＊＊＊	12.739＊＊＊	19.044＊＊＊
OW	0.278＊	2.657＊＊＊	2.934＊＊＊
GI	-0.568＊＊＊	0.993＊＊＊	0.425
ED	12.990＊＊＊	-13.158＊＊＊	-0.168

注:＊、＊＊、＊＊＊分别表示在10%、5%、1%显著水平上显著。

从直接效应分析,人力资本、外商投资水平、对外开放程度和就业密度等因素的直接效应均为正,这些变量对地区煤炭行业的转型发展均产生了显著且积极的影响。这意味着,地区煤炭行业的转型在很大程度上得益于该地区自身在人力资本积累、外资吸引、对外开放政策实施以及就业环境优化等方面的积极作用。尤其是对外开放程度,作为推动经济稳定与快速发展的重要支柱,然而当前经济发展趋势的相对放缓,从而给煤炭行业的转型发展带来了挑战。而工业发展水平和政府干预程度的直接效应显著为负,表明过度的工业发展依赖以及政府的干预可能对煤炭行业的转型具有一定的抑制作用,这可能是由于工业发展的路径依赖性和政府政策调整的滞后性,导致转型过程中的资源错配和效率低下。

从间接效应分析,外商投资水平、对外开放程度和政府干预程度在邻近地区对该地区煤炭行业转型的推进上发挥了显著且积极的作用,这表明存在明显的空间溢出效应。即一个地区的这些积极因素不仅促进了本地煤炭行业的转型,还通过区域间的经济联系和互动,对周边地区的煤炭行业转型产生了正面的影响。然而,城镇化水平、工业发展水平和就业密度的间接效应显著为负,表明邻近地区在这些方面的发展可能对本地区的煤炭行业转型构成了障碍,这可能是由于资源竞争、环境压力或产业结构差异等原因造成的。人力资本的间接效应为负,但是它的阻滞效果并不明显,造成这种结果可能意味着人力资本的空间溢出效应相对复杂,既可能受到地区间人才流动、知识共享等正面因素的影响,也可能受到地域限制、文化差异等负面因素的制约。

综合考虑直接效应和间接效应,我们得到总效应,即各驱动因素对煤炭行业转型发展的综合影响。从总效应来看,城镇化水平和工业发展水平对煤炭行业转型的负向影响显著,这进一步说明了城镇化进程中产业结构优化和工业化升级的重要性,以及它们对煤炭行业转型可能带来的挑战。对外开放程度和外商投资水平的正向影响则凸显了开放型经济在推动煤炭行业转型中的关键作用。但另一方面人力资本投资、政府干预程度和就业密度的综合效应不显著,这表明在制定相关政策时需要更加细致地考虑这些因素在不同地区、不同发展阶段的具体作用机制,以实现更加精准有效的政策干预。

第三节　河南省煤炭行业转型的驱动因素分析

一、岭回归分析方法

基于上述对驱动因素变量的介绍,在研究河南省煤炭行业转型发展的驱动因素时,选取城镇化水平(URB)、人力资本(HC)、外商投资水平(FDI)和就业密度(ED)这四个变量进行研究。本研究先采用了方差膨胀因子(VIF)方法检验模型的多重共线性情况。依据 VIF 值的评判标准,模型中 VIF 值出现大于10,意味着存在着共线性问题。

为消除多重共线性的影响,本研究采用岭回归分析方法,深入探究河南省煤炭行业转型发展的驱动因素。鉴于所选自变量指标间存在显著的共线性问题,这违背了普通最小二乘法(OLS)模型进行参数估计的基本假设,进而导致多元线性回归模型的稳定性和准确性受损,回归系数也难以估计。为有效应对变量间的多重共线性问题,本研究选用岭回归方法进行参数估计。岭回归通过在最小二乘估计中引入一个惩罚项(即岭参数),对回归系数加以约束,并通过偏差-方差权衡,以较小的均方误差提高回归效率的准确性和可靠性。除此,该方法还通过降低精度、放弃无偏特性和丢失部分信息,有效削弱了多重共线性对回归结果的影响,从而获得了更为可靠和稳定的回归系数。这种方法在保持模型良好拟合性能的同时,显著减弱了自变量间多重共线性对模型稳定性的不利影响。其具体的计算公式为:

$$\theta(\alpha) = (X^T X + \alpha I)^{-1} X^T y \tag{6.4}$$

其中 $\theta(\alpha)$ 为回归系数的岭回归估计,α 是岭系数,α 的值位于 0 到 1 间。当 α 无穷大时,$\theta(\alpha)$ 会无限趋近于 0,通过选择合适的 α 和可接受得最小偏差,可以消除多重共线性的影响,从而获得自变量的回归系数。I 为单位矩阵。

二、回归结果与分析

岭回归分析结果如表6-8所示,城镇化水平(URB)、人力资本(HC)、外商投资水平(FDI)和就业密度(ED)与河南省煤炭行业转型发展水平的回归系数分别为1.339、13.430、-6.740和-44.859,显著性Sig分别为0.007、0.002、0.589和0.141。只有城镇化水平(URB)和人力资本(HC)在5%的置信区间通过了显著性检验,并且对河南省煤炭行业转型发展水平产生了正向影响。外商投资水平(FDI)和就业密度(ED)的显著性Sig分别为0.589和0.141,均大于0.05,说明外商投资水平(FDI)和就业密度(ED)对河南省煤炭行业转型发展水平的影响不显著。

表6-8　岭回归分析结果

变量	非标准化系数		标准化系数	t	p
	B	标准误差	Beta		
URB	1.339	0.335	0.451	4.003	0.007 * *
HC	13.430	2.532	0.308	5.305	0.002 * *
FDI	-6.740	11.807	-0.059	-0.571	0.589
ED	-44.859	26.482	-0.155	-1.694	0.141
常数	2.216	0.857	—	2.587	0.041 *
R^2	0.937				
调整 R^2	0.895				
F	$F(4,6)=22.316, p=0.001$				

注:*、* *、* * *分别表示在10%、5%、1%显著水平上显著。

城镇化水平(URB)对河南省煤炭行业转型发展水平的影响显著为正,表明城镇化水平对煤炭行业的转型发展起到正向的促进作用。随着城市化进程的不断推进,城市化水平的差异导致了城市群的形成,在地理空间上具有等级结构和网络组织,作为中国城镇化的主要形式,在提高工业化水平和城市发展质量方面发挥着重要作用。一方面,城镇化过程中,各类劳动力和经济生产活动趋向于向城镇集聚,将会有力推动城镇基础设施的扩建与完善,为煤炭行业的转型发展提供更多基础性的保障,则会对煤炭行业的生产、销售等各个环节产生深远的正向影响。另一方面,城镇化水平的提升意味着城市人口大量集中,非农人口占很大比例,这些人口具有环保意识,会引导当地居民走向低碳消费率、低污染产业和环保生活,将对煤炭行业的绿色发展产生积极影响。除此,也可以为煤炭行业发展提供更多劳动力资源,促进煤炭行业的生产技术进步,为煤炭行业的转型发展提供了动力,促进了煤炭行业绿色转型发展水平的提高。

　　人力资本(HC)对河南省煤炭行业转型发展水平的影响显著,表明煤炭行业的转型发展受到人力资本提升的积极影响。人才是绿色技术创新的核心主体。人力资本状况对绿色技术创新起着至关重要的影响。人力资本理论也认为,较高的教育水平和专业技术知识为绿色技术的开发和应用提供了可行性。因此,人力资本是煤炭行业转型发展的重要因素。高层次人力资本所蕴含的知识、技术和能力在煤炭行业转型过程中发挥着至关重要的作用。此外,人力资本还具有溢出效应,即人力资本水平高于平均水平的地区往往会产生更多的知识溢出效应,从而更容易获得新知识。而人力资本水平高的企业更有可能践行环境标准,加大环保力度,从而推动绿色技术创新的发展,有助于降低能源消耗,从而促进煤炭产业转型。因此,人力资本水平的提高,为各行业提供了高素质劳动力,促进环保技术进步、发展资源智能化开采及改善节能减排技术,使能源利用效率得以提升从而促进煤炭行业转型。政府需要制定相关优惠政策,吸引和留住优秀的绿色技术创新人才,进而提高煤炭行业的绿色技术创新实力。

"双碳"目标下河南煤炭行业转型路径研究

前一章主要探讨了煤炭行业转型发展的驱动因素,并对驱动因素进行相关分析。本章将进一步聚焦于河南省煤炭行业的转型路径研究。基于前文的理论分析和实证研究结果,从行业发展、区域差异和外部环境三个维度,提出具体的转型路径和策略。本章探讨了通过优化产业结构与布局、推动煤炭行业绿色发展、提高煤炭资源利用率等措施,实现煤炭行业的可持续发展。针对河南省不同区域的特点,提出促进传统煤炭地区转型、优化煤炭富集地区建设、推动地区协同发展的路径。分析外部环境如何通过加强人才引进与培养、完善政策法规与监管体系、拓展国际市场与海外发展以及推动科技创新与智能改造等外部方式,助推河南省煤炭行业的转型。

第一节 行业发展视角下的转型路径

一、优化产业结构与布局

碳达峰碳中和(简称双碳)是目前面对全球气候变化的严峻挑战而提出的战略方向,这一举措的提出为河南省煤炭行业的未来发展指明一条清晰又紧迫的转型方向。煤炭是我国关键的能源,其行业发展对推动经济增长具有重要作用。

(一)推进资源整合与兼并重组

长期以来,煤炭行业始终面临着一系列严峻挑战,其中企业规模偏小、数量繁多以及竞争力薄弱等问题尤为突出。为了有效破解以上困境,河南省煤炭行业应积极探索提升整个行业竞争力的有效手段,大力推进资源整合与兼并重组。资源整合与兼并重组能够将原本分散的煤炭资源集中起来并形成规模效应,进而提高资源的使用效率,以此来显著降低开采成本。

为了进一步提高煤炭行业集中度,我们可以对河南省煤矿企业进行资源整合与兼并重组。对地方兼并重组工作进行指导;对大型、中小型煤矿企业鼓励引导,并积极争取政策、资金等方面的支持;对布局不合理、安全不达标、资源浪费、环保不达标的小煤矿继续进行整顿关闭,同时加快推进具备条件的小煤矿整治提升工作,使煤矿水平整体提高。

(二)调整产业布局

河南省煤炭产业需要根据资源的自然分布、市场需求的变化以及环境保护的要求,对布局进行科学的调整,从而保证煤炭开采活动能够在资源丰富以及环境承载力强的区域进行。针对一些违规的煤矿企业,要加大查处和取缔力度。淘汰落后、安全隐患大、效益低、成本高的煤矿。对僵尸型的煤矿企业进行清除,对非法的、不安全的煤矿企业予以深化改革。针对一些中小煤矿企业,在确保煤炭企业安全的情况下,采取整合的办法,严格把控煤炭企业的准入机制。此外,加大煤矿企业科研投入力度,提高煤炭资源利用率,不断提高企业科技水平。

(三)加强煤炭运输通道建设

在河南省煤炭行业产业布局调整过程中,煤炭运输通道建设至关重要。政府需要进一步强化大宗能源货物品类的流程控制,灵活调整传统运输模式,来适应新形势下的需求。为此,政府需要加大对煤炭运输通道建设的支持力度,积极推进铁路、公路、水路等运输网络的完善与优化。推动"公转铁"是未来的趋势,采用"重来重去"和"直达运输"的方式,从而提高货运服务水平并增强运输便利性。同时,对于那些建设专用线存在困难的企业,可以积极构建多式联运组织模式,加大集装箱及敞顶箱推行力度,通过多式联运扩大服务范围。

二、推动煤炭行业绿色发展

面对气候变化带来的严峻挑战和碳达峰碳中和的目标要求,推进河南省煤炭行业的绿色发展至关重要。绿色发展是传统能源转型的根本路径,实现煤炭资源绿色安全开采、清洁低碳利用是关系到国家能源安全和发展全局的重要任务。

(一)提高高效燃煤技术

目前,煤炭在中国能源发展中仍占据主要地位。按照"双碳"目标要求,深入研究先进高效的煤炭技术,对促进河南省能源结构转型具有重要意义。在煤炭行业提高发展效率的同时,对深度调峰和耦合的需求也在逐渐增加。可再生能源发展的比重在"双碳"目标下逐渐提升,间歇性与不稳定的风力、太阳能发电对电网的冲击逐渐加大,使得电网系统调峰问题尤为突出。因此,煤炭发展的地位逐渐从主体能源转变为托底调峰能源,深度调峰成为燃煤火力发电站实现灵活性转换的重要方向。

(二)促进煤炭由燃料向原料转变

煤化工是煤炭从单纯燃料向燃料和原料转化的重要组成部分。目前,我国煤焦化原煤约占全部原煤的71%。用现代煤化工技术推进煤化工产业结构的转型和升级,是促进河南省煤化工产业健康发展的迫切任务,也是促进我国现代煤化工产业发展的重要基石。现阶段,我国正处于"结构调整、变革方式"的关键时期。煤炭行业形式发生诸多变化,煤炭资源开发强度大,环境限制不断加强,传统能源的对外依存度迅速提高,导致出现煤炭需求减少,利润下降,行业发展难度增加等问题。为了应对这些状况,河南省煤炭行业要结合改革路线,统筹考虑未来能源行业的发展方向。

(三)完善绿色开采体系

绿色发展是加快河南省煤炭行业高质量发展的重要环节。为了构建绿色发展生态文明体系,我们必须做到煤炭开采与生态保护并重。为实现这一目标,需要从多个方面入手,力求在促进经济增长的同时,最大限度地保护与恢复生态环境。

河南省煤炭企业要推进发展方式和产业结构的绿色转型,推进煤炭全产业链的数字技术和绿色技术创新应用,推进煤炭全周期的清洁管理。大力实施煤炭清洁高效利用并支持煤炭深加工,加强煤炭分类和优质利用,构建煤炭绿色低碳循环发展新体系。此外,仍需推进井下智能绿色安全开采,要因地制宜进行充填开采、保水开采等工作,集中保护优质炼焦煤资源,全面提高资源回收率。

三、提高煤炭资源利用率

提高河南省煤炭资源利用率,是应对资源日益紧张、保障国家能源安全、促进经济可持续发展的重要举措。在此背景下,推进河南省煤炭清洁高效利用、拓展煤炭深加工产业、推动煤炭与新能源融合发展等措施有必要提上日程。既有利于我国实现"双碳"目标,也有利于河南省传统煤炭企业绿色低碳转型。

(一)推进煤炭清洁高效利用

从精细勘探到生态环境损害防治,从原煤开采到污染物排放控制,煤炭清洁高效利用的一系列技术贯穿整个过程。特别是原煤开采和洗选加工环节至关重要，它们直接影响着后续的清洁高效利用和减少污染物排放。

习近平总书记多次强调"绿水青山就是金山银山"，这为河南省推进煤炭清洁高效利用指明了前行方向。在经济效益与环境生态效益冲突时，我们必须坚持生态优先的发展理念。如何统筹各个环节，实现科学布局、和谐衔接、协调运转，将是未来各煤炭企业的一项重要任务。

（二）拓展煤炭深加工产业

煤炭深加工产业在提升煤炭利用效率这一方面扮演关键角色，其重要性日益凸显。这一产业凭借煤炭气化、液化、焦化等一系列深加工技术，使原本单一的煤炭转化为更高效、更环保的能源形态与化工原料。这些深加工产品，因具备高附加值及广泛用途，在多个领域展现出显著优势，逐步取代了传统的煤炭直接燃烧方式。这就要求河南省利用科技的优势，改变原来粗放式的生产方式，把资源的开发作为一种原始的生产模式，事后进行产品的深加工，把生产过程中产生的其他能源充分收集和利用起来，建立一种利用效率高、能耗少、破坏生态环境小的生产模式。

深加工产品具有独特的优点和广泛的应用前景，为河南省煤炭行业的变革和升级带来了全新的发展。这一转型不仅增强了河南省煤炭行业的整体竞争力，促进了产业链上下游的紧密协作，更为行业的可持续发展奠定了坚实基础。

（三）推动煤炭与新能源融合发展

能源是国民经济和社会发展的基础，中国的能源供应结构形成了"富煤、贫油、少气"的局面，决定了我国"以煤为主"的能源结构。在新能源快速崛起的时代背景下，河南省煤炭行业应积极与新能源融合发展，使其成为提升煤炭利用效率的关键策略。通过煤炭与新能源的互补应用，有效优化了能源结构。

当新能源发电因自然条件变化而出现不足的情况时，煤炭资源可以迅速响应，作为稳定可靠的替代能源，确保电力供应的持续稳定。同时，在新能源发电充足甚至过剩的情况下，电力行业可以利用先进的储能技术，将多余的电能储存起来，从而实现能源的合理分配与高效利用。

第二节　区域差异驱动下的转型路径

一、促进传统煤炭地区转型

煤炭行业作为传统能源的重要支柱,长期以来对河南省能源安全与经济发展起着关键作用。"十四五"时期是推进供给侧结构性改革以及能源革命的关键时期。国际主要能源大国制定政策和措施,加速能源技术革命的进程,改变世界能源供求格局。

(一)推动可再生能源体系发展

在能源转型背景下,发展新能源成为各国实现能源可持续发展和能源安全的重要战略。加快新能源产业体系发展是河南省推动重点行业低碳转型的重要手段。新能源的发展对煤炭资源的开发利用提出了挑战,部分传统煤炭地区可能面临经济结构调整的问题。因此,推动可再生能源体系发展对河南省产业转型升级、提升经济效益具有重要意义。

我们需要推动发展理念的创新,促使行业从依赖政府和政策支持逐渐转变为依靠创新和市场竞争。根据市场需求,控制新建规模,促进可再生能源体系发展,强调市场意识和竞争观念,提升发展质量,增强发展活力,提高市场竞争力。

(二)推进新型产业发展模式

传统煤炭地区在煤炭生产过程中,想要推动新的产业发展模式,就要降低高能耗、高污染企业的比重,加快环保产业的研发,使生态效益带动经济效益的发展,以减量化、再利用、再循环为绿色生产原则,加强对环境的保护,积极探索替代传统能源的新能源产业。比如太阳能、风能、潮汐能,这些都促使新能源产业为经济发展做出更多贡献。在传统的煤炭工业地区,减少废料的排放可以提高环境保护水平,使各种资源利用率得到提高。煤炭是不可再生资源,要节约利用。在建设资源节约型、环境友好型社会中,与建设生态文明相适应,实现河南省经济的可持续发展。

(三)建立零碳电力产业与贸易特区

我国的碳排放主要来源于煤炭的能源消耗,煤炭是实现"双碳"目标的重点。当前,"碳达峰""碳中和"对煤炭行业的转型发展不仅带来了空前的挑战,也带来了难得的机遇。为了加速河南省转型,设立"零碳电力产业与贸易特区"成为一项重要战略。构建一个低碳、清洁、安全、高效能源体系已经成为河南省能源安全的"兜底保障";面对当前煤炭行业处于重大转型的阶段,煤炭的低碳、清洁、高效利用是当前阶段的重要特征,也是当前阶段"能源替代"的重要内涵。然而,在设立"零碳电力产业与贸易特区"时,我们急需实现煤炭行业的低碳、清洁、高效利用的关键技术的突破。而碳捕集利用与封存技术(CCUS)是推动实现煤炭低碳、清洁、高效利用、加速推进超前大规模商业化部署的关键技术。

二、优化煤炭富集地区建设

资源相对丰富的地区,正迎来"双碳"目标下的新机遇。相关地区应把握时机,发挥资源优势,加速新能源基地建设、积极构建产业集群效应、优化地区营商环境。这不仅将促进河南省能源结构转型,提高清洁能源比例,减少对化石能源的依赖,还将为当地经济持续健康发展注入活力,带动相关产业繁荣。

(一)加速新能源基地建设

与煤炭相关的行业往往在其能源战略中扮演着至关重要的角色,在煤炭资源地的经济发展中具有举足轻重的战略地位。在短期内,煤炭的供给可以保持基本平衡,但区域内煤炭需求将随着用煤行业的不断发展和扩张日益增加,区域内行业发展难以满足煤炭资源的发展需求。为此,河南省应提前布局,打造煤炭资源富集地区一体化的绿色能源综合基地,通过"风光水火储"的互补,逐步构建多元能源体系。一方面,未来将通过一体化能源基地的多种能源互补共济,大幅度优化燃料煤和原料煤的比例,充分缓解区域煤炭供应压力;另一方面,一体化绿色能源综合基地的建设,将使煤炭资源区煤炭开发利用方式发生系统变化。这种能源基地的构建可以使河南省煤炭行业逐步摆脱粗放的发展方式,实现向绿色集约发展、向绿色可持续发展。同时,这种能源基地的构建彻底摒弃过去高能耗、高排放、高污染的模式,在充分促进能源富集地区绿色可持续发展的同时,逐步实现向清洁、低碳、高效模式过渡。

(二)促进产业转移承接

在"双碳"目标要求下,河南省部分煤炭资源丰富的地区应该围绕区域煤炭资源形势,集中力量进行能源综合基地建设布局。对于产业转移承接,资源丰富的地区应当主动作为,有序引导高耗能产业向资源富集区转移,促进能源与产业的深度融合。

通常情况下,掌握重要资源的能源综合基地建设的主体企业是区域性能源行业的头部企业,布局涉及煤炭全产业链的中下游环节,包括采选煤、洗选,应用端发电,化工,建材等。此外,还布局了光伏、风电、水电等新能源板块。在这种形势下,打造一体化的绿色能源综合能源基地,可以使煤炭资源区域内与能源相关的所有行业全部依托当地的煤炭资源来实现。而相关行业如煤电、煤化工等行业的生存和经营状况,也决定着煤炭资源的使用和配置。因此,建设一体化绿色能源综合基地,需要以双轮驱动"煤炭新能源"为总体思路。

(三)优化地区营商环境

河南省在优化地区营商环境时,应将深化"放管服"改革作为重点,简化审批、提升效率,支持新能源项目落地。具体而言,河南省应进一步优化政府服务,应减少不必要的干预,精简审批流程,确保新能源项目快速获得许可。与此同时,河南省应出台税收减免、财政补贴、金融支持等政策,激发市场活力,降低运营成本,吸引社会资本投入新能源领域。这些措施将有效降低新能源项目的运营成本,提升项目的经济效益并构建开放、透明、高效的营商环境,为新能源项目落地与产业发展提供坚实基础,推动能源结构优化与经济绿色发展。

三、推动地区协同发展

河南省煤炭资源分布不均及开发程度差异导致了经济发展上的不平衡。加强河南省地区煤炭融合是保障能源供应、促进区域协调发展、提高能源利用效率与增强河南省能源安全的重要举措。通过加强产业链上下游深度合作、加强基础设施建设等措施的实施,可以推动河南省煤炭行业的深度融合与可持续发展。

(一)加强产业链上下游深度合作

目前,煤炭产业在我国国民经济中具有不可替代的作用。为提升煤炭企业和产业核心竞争力,河南省煤炭产业的发展应实现"低排放、高利用、低投入、低开采"的要求,遵循"再循环、再利用"的原则。资源富集地区应利用地理优势与煤炭资源,搭建合作平台,助力煤炭与电力、化工等企业建立长期合作关系,实现优势互补与协同发展。因此,大型集团与产业集群应遵循低碳经济、循环经济的理念,实现三个层级的循环,分别是以整个河南省的大循环、区域层面的中循环和以企业为核心的小循环。

(二)加强基础设施投入建设

长期以来,大量灰色的基础设施(道路、机场、桥梁)显现出来,造成了人为的堵塞和自然景观的基质断裂。"绿色化"应成为今后河南省推进基础设施建设的重要方向,把生态环保理念贯穿于基础设施规划、建设、运营、维护的全过程,集约利用土地、水等资源,通过控制有害物质排放,减少基础设施生产过程中的废水、废气、废渣排放,合理避让具有重要生态功能的国土空间,促进基础设施建设提档升级,推进绿色发展基础设施建设。

随着城镇化率的持续提高,河南省城市基础设施行业碳排放将会进一步增加。促进能源供给方式从传统的煤炭、石油、天然气等化石能源,逐步向非化石能源转型。推动多式联运高质量发展,加速铁路水路对公路的替代。优化城市公共交通体系,推动绿色出行,有效助力碳减排。

第三节　外部环境助推下的转型路径

一、加强人才引进与培养力度

在"双碳"目标的背景下,河南省创新型人才成为煤炭行业转型升级的核心要素,推动着煤炭行业向智能化、数字化方向发展。面对这一挑战,加强人才引进与培养力度成为推动河南省煤炭行业顺利转型、实现绿色发展的核心驱动力。为更好解决煤炭行业转型发展中的人才供需不均衡问题,应充分发挥各方面的力量,构建系统紧密的创新型人才培养体系。

(一)制定人才引进与交流政策

河南省煤炭企业要基于自身的发展蓝图,精心设计一套具有吸引力的人才引进方案,这包括提供具有市场竞争力的薪资待遇、打造舒适高效的工作环境问题,以及开辟广阔的职业晋升通道,以此汇聚更多行业精英。改革用人机制,加大人才引进力度,组建专业人才队伍。建立和完善人才引进的激励机制,加强各方面人才引进的力度和成效。建立充满活力的企业人才信息库,不仅能解决专业人才紧缺的问题,还能使人才的用武之地更加宽广。

(二)加大创新人才培养力度

在河南省煤炭行业面临转型升级与可持续发展的关键时期,培养具有跨学科知识与实践能力的创新型人才显得尤为重要。首先,煤企管理人员在积极引进适合自己企业的技术,打开企业转型发展局面的同时,还需要深入了解市场上的先进技术,研究试用各种技术研究成果,了解新技术在生产过程中的应用方法和应用效果。其次,由于人才引进可以为技术创新和转化应用提供基础,煤炭企业需要大量招聘技术型人才。让专业技术人才根据企业需求进行技术研发,既能使技术的使用方向符合企业的生产理念,又能充分展现技术转化的价值,改革市场上应用效果更好的先进技术。

二、完善政策法规与监管体系

建立有效的政府监管体系对于河南省能源安全和生态文明建设具有十分重要的战略意义。在众多的政府职能部门中,承担煤炭绿色开采监管的部门有很多,如矿区国土资源部门、矿区环保部门、矿区水利管理部门等,分别负责煤矿地质环境、煤矿污染物的排放、煤矿地表水和地下水以及水土保持的监管。河南省政府作为煤炭资源绿色开采的监管者,应该激发企业实施绿色开采的积极性。对此,要建立合理的奖惩机制并加强行业自律。

(一)完善政策法规

为确保河南省煤炭行业的持续健康发展,构建一套完备、详尽且灵活适应的政策法规与标准框架显得尤为重要。行业整顿包括对鼓励供需双方签订产期合同的煤炭运销合同制度进行改革、放开电煤合同价格,鼓励煤电联营、积极推进"主辅分离,辅业改制"的国企体制改革措施等。在实施这些政策法规的过程中,强化河南省煤炭行业的监管执行力度同样不可或缺。这些整治和改革措施,将使行业以往无序竞争、监管乏力、企业社会负担沉重的运行环境逐步得到改善,也将有效刺激煤炭生产企业进一步转变以往轻生产、轻经营的管理思路,从而在行业经营环境改善的过程中,积极主动地应对行业和公司受宏观经济周期波动的影响。

(二)加强行业自律

为解决河南省煤炭企业内部复杂的用人环境,其他非煤专业人才的吸引应力求地域和院校的多元化。在注重人才吸引的同时,加强对现有人员的继续教育和相关培训工作。通过定期举办专业技能提升课程、管理能力培训以及新技术应用的研讨会,提升员工的专业技能和适应行业变革的能力。加大现有员工培训力度,鼓励员工参与在线课程和远程教育,提高业务能力和创新能力。同时,要密切关注国际煤炭行业的最新进展,积极借鉴并融入全球的环保思想、安全标准与技术规范,以确保河南省煤炭行业在市场中的竞争优势。

三、拓展国际市场与海外发展

河南省煤炭行业正面临"双碳"目标所带来的转型挑战,积极拓展国际市场与推动海外发展已成为行业寻找新的增长动力、有效分散经营风险以及实现长远可持续发展的关键战略选择。近年来,我国政府先后出台各种优惠政策来支持煤炭出口,增加煤炭出口量,扩大煤炭在国际市场的份额。

(一)积极开拓国际市场

我国是世界最大的煤炭生产国,同时也是最大的消费国,目前我国一些大型煤炭企业通过开展国际合作,已经拥有了强大的国外开发实力,成功走向国际。目前处于全球经济下行的风险加剧、投资环境不稳定的局面,河南省煤炭企业在实施国际化过程中,还会面临一系列风险与挑战。

积极利用世界各国取得的科技成果,引进必要的先进技术,是发展河南省经济和煤炭行业进程的重要途径。引进国外先进技术设备并积极稳妥地做好技术引进工作,是根据当地煤炭生产需求的一项重要战略任务,是从闭关自守的发展战略向对外开放的发展战略转变的关键。

(二)大力推动海外发展

在绿色低碳转型的战略导向下,河南省煤炭行业需拓宽全球视野,积极开拓国际市场,加强与国际煤炭市场的互动与合作,为煤炭出口及国际贸易的繁荣发展增添新活力。参与国际市场的竞争,不仅有助于提升河南省煤炭产品的国际认知度与市场竞争力,还能在此过程中吸收国际先进技术与管理经验,加速煤炭行业的技术创新与产业升级,推动行业从传统能源向清洁能源的顺利过渡。

同时,河南省煤炭行业应主动作为,积极参与国际煤炭行业标准与规则的制定,这是提升河南省煤炭行业国际影响力与地位的关键途径。通过深入参与国际标准制定,河南省煤炭行业能更紧密地融入国际体系,促进煤炭技术标准与国际标准的对接与融合,从而在国际舞台上为中国煤炭产品赢得更多认可与尊重。此举不仅能够有效提升河南省煤炭产品的国际竞争力,还能够为中国煤炭企业在国际市场中争取更多话语权与实际利益,为煤炭行业的国际化进程奠定坚实基础。

四、推动科技创新与智能改造

煤炭是当今世界不可替代的能源,我国是世界上少数几个一次能源以煤为主的国家。在"双碳"目标驱动下,河南省煤炭行业需要及时调整思路,在各个环节中运用信息技术,推动科技创新与智能改造。

(一)推动产业链智能化升级

中国在全球产业链中的作用举足轻重。全球产业链的加速重构,必然会影响到中国在全球产业链中的地位和作用,也会影响河南省在中国产业链中的地位和作用,从而导致河南省高能耗行业的产品需求和发展规模的不确定性增加,进而影响制造业的转型升级,如电力、钢铁、建材、化工等行业,能源需求的不确定性也会随之加剧;对高端技术、关键矿产资源等能源装备制造业的进口限制,也会对河南省能源安全和稳定供应产生进一步影响。

坚持问题导向,找准链条培植"薄弱点",采取补链、强链、延链等措施,适时打通链条与链条之间的"连接点",立足于把握河南省煤炭产业链和供应链现状。为保障煤炭产业链和供应链再造,应为其建立煤炭技术创新链条,提供坚实的科技支撑。促进更高水平的协同发展,提升煤炭产业链、供应链和创新链条的精准性和有效性。重点强调安全、稳定关键环节可以在围绕以国内大循环为主体、国内国际双循环相互促进的新发展格局中提升河南省行业综合竞争力,促进煤炭产业融入新发展格局。

(二)加强关键技术研发

河南省在构建煤矿智能采矿系统过程中,关键技术的研发至关重要。其中,智能感知、智能决策、智能控制是实现智能采矿的核心因素。这些技术用于煤矿设备时,使生产设备具有一定的自主学习能力和自主决策的功能。同时,可以自我修正挖掘过程中的变化,从而实现整个过程的自适应开采。因此,需要对各个阶段的综合数据进行有效的收集和分析,并加强在智能采掘技术过程中的应用。只有做好在各个环节中的基础数据分析,才能为接下来的决策提供资料支持。

(三)推进智能矿山建设

随着5G技术的快速发展,矿山设备正逐步实现远程操控与无人化。智能矿山将信息、控制、网络等技术与采矿技术相结合,探索安全高效的生产解决方案。通过整个矿山作业系统的协同控制,适应不同环境因素下采矿管理的要求,为遵循地质环境、生产因素等,控制进程不断更新。同时,通过大量虚拟现实技术的应用,基于3S技术,利用5G网络导入勘探、测绘等矿山生产数据,利用三维地学建模系统进行数据处理和可视化表达,实现矿山结构分析和开采过程仿真模拟,提高矿山生产的科学性。大数据技术在矿山得到深入应用,通过收集分析生产数据,建立了智能决策系统,优化了生产流程与资源分配,提供了灾害预警,增强了矿山运营的智能化与科学性。

参考文献

[1]高启慧,秦圆圆,梁媚聪,等.IPCC第六次评估报告综合报告解读及对我国的建议[J].环境保护,2023,51(9):84-86.

[2]梁媚聪,秦圆圆,樊星,等.IPCC第六次评估报告第三工作组报告主要结论解读及对策建议[J].环境保护,2022,50(13):5.

[3]温馨."双碳"目标下的能源转型:多维阐释与中国策略[J].贵州社会科学,2021(10):145-151.

[4]燕志鹏,于泽民,顾新莲.我国碳排放价格与煤炭期货价格的传导机制研究[J].经济问题,2022(6):67-74.

[5]LIU H. Catalyzing strategic transformation to a low-carbon economy:A CCS roadmap for China[J]. Energy policy,2010(1):38.

[6]WINKLER H. Energy policies for sustainable development in South Africa's residential and electricity sectors [J]. Energy for Sustainable Development,2007,11(1):26-34.

[7]A C Y,C M D J B,A B C. Getting depleted resource-based cities back on their feet again - the example of Yichun in China [J]. Journal of Cleaner Production,2016(134):42-50.

[8]PARTHAN B,OSTERKORN M,KENNEDY M,et al. Lessons for low-carbon energy transition:Experience from the Renewable Energy and Energy Efficiency Partnership (REEEP)[J]. Energy for Sustainable Development,2010,14(2):83-93.

[9]焦华富.试论我国煤炭城市产业结构的调整[J].地域研究与开发,2001(2):27-30.

[10]周民良.煤炭城市产业结构调整的基本思路[J].经济研究参考,2002(11):14-18.

[11]郑志国.我国单一资源城市产业转轨模式初探[J].经济纵横,2002(2):9-12.

[12]李连济.煤炭城市产业结构转型的选择—:以山西煤炭城市为例[J].经济问题,2004(5):64-66.

[13]赵静,焦华富,宣国富.基于集群视角的煤炭城市产业转型研究:以安徽淮南市为例[J].地域研究与开发,2006(5):58-62.

[14]张凤武.煤炭城市发展非煤产业研究[J].中国矿业大学学报(社会科学版),2003(2):64-70.

[15]高源.资源型城市产业结构转型的实证研究[J].中国城市经济,2006(2):90-93.

[16]王林秀,郭缙.基于进入退出壁垒分析的煤炭企业转型策略研究[J].科技进步与对策,2017,34(9):5.

[17]崔兴文,燕凯.煤炭资源型城市数字化转型的驱动机制:基于模糊集定性比较分析[J].湖北经济学院学报,2024,22(2):73-82.

[18]亓晶晶.煤炭资源型城市产业发展路径依赖与经济转型[D].太原:山西财经大学,2010.

[19]ZHAO L T,LIU Z T,CHENG L. How will China's coal industry develop in the future? A quantitative analysis with policy implications[J]. Energy,2021,235(8):121406.

[20]康红普,王国法,王双明,等.煤炭行业高质量发展研究[J].中国工程科学,2021,23(5):130-138.

[21]程健.安徽煤炭产业转型路径研究[D].雅安:四川农业大学,2015.

[22]郝晓燕.山西省煤炭产业转型绩效评价[D].咸阳:西北农林科技大学,2016.

[23]王媛媛.陕西省煤炭产业转型绩效评价[D].西安:西安理工大学,2017.

[24]曾贤刚,段存儒.煤炭资源枯竭型城市绿色转型绩效评价与区域差异研究[J].中国人口·资源与环境,2018,28(7):9.

[25]李芊霖,张龙.DPSIR模型在煤炭企业绿色转型评价中的应用[J].中国管理信息化,2018,21(11):2.

[26]LI C,NIE R. An evaluating system for scientific mining of China's coal resources[J]. Resources Policy,2017(53):317-327.

[27]李莹.低碳背景下黑龙江省国有煤炭企业转型能力评价研究[D].哈尔滨:哈尔滨工程大学,2019.

[28]孙雨,张洪潮.转型视角下煤炭企业低碳绩效评价[J].煤炭技术,2017(10):2.

[29]王广成,刘龙山.基于DPSIR-TOPSIS模型的煤炭矿区绿色转型评价[J].中国煤炭,2019,45(4):6.

[30]ZHAO L,LIU Z,CHENG L. How will China's coal industry develop in the future? A quantitative analysis with policy implications[J]. Energy,2021(235):121406.

[31]郭金刚.新常态下煤炭企业集团跨越转型发展战略研究:以同煤集团为例[J].煤炭经济研究,2016(4):6.

[32]冯蕾.中小型煤炭企业战略转型对策分析[J].煤炭技术,2018,37(1):334-336.

[33]仵明丽.新常态下煤炭企业转型发展的思考与实践[J].中国煤炭,2015,41(3):3.

[34]姜大霖,聂立功.我国煤炭行业绿色发展的内涵与低碳转型路径初探[J].煤炭经济研究,2016,36(11):5.

[35]陈茜.煤炭资源枯竭型城市转型发展路径研究[J].煤炭经济研究,2017,37(12):5.

[36]王云珠,刘晔,韩芸.能源转型背景下山西煤炭清洁高效利用路径与政策[J].煤炭经济研究,2017,37(12):7.

[37]李国敏,杨蕙馨,李玮.基于耦合协调度的煤炭行业高质量发展评价体系研究[J].煤炭经济研究,2019,39(5):7.

[38]金智新,曹孟涛,王宏伟."中等收入"与新"双控"背景下煤炭行业转型发展新机遇[J].煤炭科学技术,2023,51(1):45-58.

[39]边岗亮.煤炭行业智能化转型对劳动力结构的影响及对策研究[J].煤炭工程,2021,53(9):5.

[40]滕吉文,王玉辰,司芗,等.煤炭,煤层气多元转型是中国化石能源勘探开发与供需之本[J].科学技术与工程,2021,21(22):9169-9193.

[41]刘耀彬,郭燕,肖小东,等.韧性视角下资源型城市经济转型能力类型划分与转换规律:以30个煤炭城市为例[J].干旱区资源与环境,2023,37(11):48-56.

[42]张丽峰,汪秋菊.煤炭资源型城市关闭煤矿产业绿色转型路径研究[J].煤田地质与勘探,2022(4):50.

[43]ZHANG B,WANG Q,WANG S,et al. Coal power demand and paths to peak carbon emissions in China：A provincial scenario analysis oriented by CO2-related health co-benefits[J]. Energy,2023(282):128830.

[44]袁亮.我国煤炭资源高效回收及节能战略研究[J].中国矿业大学学报(社会科学版),2018,20(1):3-12.

[45]李凯峰,花蔚攀.混沌粒子群优化投影寻踪算法对建筑业可持续发展评价[J].山东农业大学学报:自然科学版,2019,50(2):5.

[46]张浩楠.面向碳中和的电力低碳转型规划与决策研究[D].北京:华北电力大学,2022.

[47]刘进进.碳达峰目标下武汉市城市建设用地碳减排路径研究[D].武汉:华中师范大学,2023.

[48]李迅."双碳"战略下的城市发展路径思考[J].城市发展研究,2022,29(8):1-11.

[49]唐文娟.碳中和背景下传统煤炭企业技术创新路径研究[D].北京:对外经济贸易大学,2022.

[50] 王继鹏.双碳目标下阳泉市推进能源绿色低碳转型路径探究[D].太原:山西财经大学,2023.

[51] 张璐,龚乾厅."双碳"背景下我国能源消费战略推进的路径选择[J].南京工业大学学报(社会科学版),2022,21(2):12-23.

[52] 张新林.中国煤炭资源流动及其效率的时空演化机理分析[D].南京:南京师范大学,2018.

[53] 张翼.碳排放约束下煤炭行业规模与行业能源强度控制研究[D].青岛:山东科技大学,2020.

[54] 王英.陕西煤炭产业绿色GDP与环境成本关系研究[D].西安:陕西科技大学,2015.

[55] 陈奉明.浅议生活垃圾治理与循环经济的实现条件[J].现代商业,2010(6):287-288.

[56] 王庆忠.中国循环经济投融资机制研究[D].北京:北京工业大学,2007.

[57] HAHN R. Standardizing Social Responsibility? New Perspectives on Guidance Documents and Management System Standards for Sustainable Development[J]. IEEE TRANSACTIONS ON ENGINEERING MANAGEMENT,2012,59(4):717-727.

[58] ZHANG X P. Marine Energy:The Key for the Development of Sustainable Energy Supply[J]. PROCEEDINGS OF THE IEEE,2012,100(1):3-5.

[59] 王仲颖,白泉,苏铭,等.建设现代能源体系做好"十四五"能源发展和改革工作[J].宏观经济管理,2021(5):46-53.

[60] 殷腾飞.煤炭工业高质量发展评价体系与路径研究文献综述[J].煤炭工程,2021,53(12):179-183.

[61] 潘思成,崔东文.新型萤火虫算法-投影寻踪模型在区域人水和谐评价中的应用[J].水资源与水工程学报,2020,31(1):124-130.

[62] 程麒铭,陈垚,刘臻,等.基于随机森林-投影寻踪法的生物滞留系统多目标评价方法[J].水资源与水工程学报,2022,33(4):85-90.

[63] 陈晶晶,李天宏.基于PSR模型和投影寻踪法的荆州市景观生态风险评价[J].北京大学学报(自然科学版),2017,53(4):731-740.

[64] 郭倩,汪嘉杨,张碧.基于DPSIRM框架的区域水资源承载力综合评价[J].自然资源学报,2017,32(3):484-493.

[65] WEI X, WANG J, WU S, et al. Comprehensive evaluation model for water environment carrying capacity based on VPOSRM framework:A case study in Wuhan,China[J]. Sustainable Cities and Society,2019(50):101640.

[66] WANG Q, ZHAN L. Assessing the sustainability of the shale gas industry by combining DPSIRM model and RAGA-PP techniques:An empirical analysis of

Sichuan and Chongqing,China[J]. Energy,2019(176):353-364.

[67]奥勇,蒋岭峰,白召弟,等.基于格网 GIS 的黄河流域土地生态质量综合评价[J].干旱区地理,2022,45(1):164-175.

[68]项金桥,高春东,马甜,等.县域尺度中国网络诈骗时空分布特征研究[J].地理科学,2021,41(6):1079-1087.

[69]贺山峰,梁爽,吴绍洪,等.长三角地区城市洪涝灾害韧性时空演变及其关联性分析[J].长江流域资源与环境,2022,31(9):1988-1999.

[70]马静,闫超栋.中国工业转型升级效果评价、地区差距及其动态演化[J].现代经济探讨,2020(8):78-89.

[71]李兆进.基于 EROI 方法的榆林市煤炭投入产出评价研究[D].西安:西安科技大学,2017.

[72]李国平,郭江.煤炭资源开采中的生态环境经济损失及补偿研究[J].统计与信息论坛,2013,28(11):83-87.

[73]温家隆.数字经济对中国煤炭产业绿色转型效率的影响机制研究[D].北京:北京科技大学,2023.

[74]张英彦,方维龙.安徽省工业绿色发展效率及其影响因素研究[J].铜陵学院学报,2024,23(5):35-40.

「双碳」目标下河南煤炭行业转型的机制与路径研究